LE DIVORCE
EXPLIQUÉ AUX FILLES
ET AUX GARÇONS

PRÉCÉDÉ D'UNE INTRODUCTION POUR LES PARENTS

CHEZ LE MÊME ÉDITEUR :

LE DIVORCE EXPLIQUÉ AUX FILLES ET AUX GARÇONS

PRÉCÉDÉ D'UNE INTRODUCTION POUR LES PARENTS

par RICHARD A. GARDNER, M.D.

Professeur de psychiatrie infantile

Université Colombia

Collège des Médecins et Chirurgiens

Avant-propos de Louise Bates Ames, Ph.D.

Directeur adjoint — Institut Gesell — New Haven — Connecticut

ILLUSTRATIONS D'ALFRED LOWENHEIM

Traduction de Paule Lamontagne de Massy, L.Ps.
Corporation des psychologues de la Province de Québec

PRESSES SÉLECT LTÉE
1555 ouest, rue DE LOUVAIN
MONTRÉAL, QUÉBEC
CANADA H4N 1G6

Dépôt légal :
Bibliothèque Nationale du Québec
Bibliothèque Nationale du Canada
Premier trimestre 1979

Titre original :
« The Boys and Girls Book About Divorce »

ISBN: 2-89132-024-7

À LEE, ANDY, NANCY ET JULIE

REMERCIEMENTS

CE QUI EST CONSIGNÉ dans ce livre est extrait des réactions des enfants de parents divorcés rencontrés dans ma pratique thérapeutique. C'est grâce à eux que le livre a été écrit. Parmi ces enfants, je suis particulièrement redevable à Anne, Barbara, John, Joni, Kathy, Kevin, Ronald et Scott. Il y a aussi Beth, Douglas, Jeffrey, Jonathan, Leo, Martin, Sara et Stephanie. De plus, j'ai reçu les suggestions des parents de tous ces enfants.

Parmi les amis et collègues qui ont bien voulu lire le manuscrit et ajouter leurs commentaires, je tiens à remercier les Dr. Gérard Chrzanowski, Dr. Clarice Kestenbaum, France Dubner, Minna Genn et Michael Sovern.

En terminant, je remercie ma femme Lee qui a accepté mes longues absences et a contribué à mon travail en tant que collègue en m'apportant ses remarques pertinentes et fort utiles.

Richard A. Gardner

TABLE DES MATIÈRES

AVANT PROPOS

À BIEN DES égards, nous vivons aujourd'hui une époque assez troublée, mais par ailleurs cela ne nous empêche pas d'avoir le goût de bien vivre. À cette époque-ci, les sentiments de tous et chacun sont respectés, reconnus et surtout pris en considération, et cela bien plus qu'auparavant.

Dans ce livre, par exemple et pour la première fois, un auteur s'adresse directement et franchement aux garçons et filles et leur parle des sentiments qu'ils peuvent éprouver quand leurs parents divorcent. Sans détour, il admet franchement que pour certains jeunes, ce sera un cheminement long et difficile. Au lieu d'effleurer le sujet comme tant d'autres auteurs ont eu tendance à faire, il aborde directement le sujet des peurs, des angoisses et des regrets ressentis par ces enfants. Il leur explique qu'ils ne sont pas les seuls à avoir de tels sentiments et que cela n'est ni étrange ni inhabituel.

Et ensuite, pour chaque problème décrit, il donne de bons conseils pratiques sur ce que les enfants peuvent faire pour se sentir mieux, et sur ce qui rendra la vie plus facile et plus agréable pour eux et pour leurs parents.

Quelques unes de ses idées sont tout à fait courantes. Il défend les principes que l'on retrouve dans la documentation sur le divorce : par exemple, mieux vaut un foyer brisé qu'un foyer malheureux ; les parents doivent s'efforcer de ne pas vivre leurs querelles à travers leurs enfants ; les enfants de parents divorcés, **13** si possible, doivent éviter la tentation de remplacer le parent absent ; ils doivent aussi éviter de dépenser trop d'énergie émotive à espérer en vain la reprise de la vie commune de leurs parents.

Par contre, c'est en contestant ce qu'on recommande habituellement aux parents divorcés de dire à leurs enfants qu'il sort des sentiers battus. Ainsi, il croit que si le parent absent démontre clairement qu'il n'est pas intéressé au bien-être de l'enfant, le parent qui demeure avec lui devrait convenir avec l'enfant de cet état de fait malheureux, et l'aider à y faire face. Idéalement, l'enfant en viendra à comprendre que si un parent ne l'aime pas, cela ne signifie pas qu'il est méchant ou pas aimable.

En outre, et contrairement à ce qui est généralement accepté, il croit que chaque parent ne doit pas *toujours* dire *seulement* des choses aimables à propos de l'autre parent. Dans la mesure du possible chacun doit éviter l'amertume et les injures, mais à l'occasion chacun peut admettre que l'autre a quelques défauts...

On admet rapidement ses deux points de vue, devant le tableau d'une mère qui insiste en disant que le père absent aime ses enfants ou qu'il est sans défaut, alors que de toute évidence c'est le contraire. Ses enfants ne la croiront pas et ne lui feront plus confiance.

Ce livre n'est pas du tout imprégné d'un optimisme enfantin ; il aborde une variété de problèmes sérieux, et traite avec franchise des sentiments tristes et malheureux, mais le ton en demeure gai et réconfortant. À chaque problème présenté, il suggère une solution ou à tout le moins, une façon pratique et sensée de faire face à la situation difficile et éprouvante.

Il n'y a aucun doute dans mon esprit que ce livre constitue la meilleure source de renseignements et de conseils pratiques disponibles pour les jeunes personnes — les enfants de parents divorcés — qui ont plus de soucis qu'ils ne peuvent en prendre.

Ces enfants souffriraient déjà moins s'ils mettaient en pratique seulement une partie de ce que le Dr. Gardner leur conseille.

Louise Bates Ames, Ph. D.
Directeur-adjoint
Institut Gesell
New Haven, Connecticut.

INTRODUCTION POUR LES PARENTS

LA MAJORITÉ DES PSYCHIATRES s'accordent à dire que le divorce *en soi* n'est pas la cause des problèmes psychiatriques des enfants. En fait un enfant qui vit avec des parents malheureux en ménage se retrouve chez les psychiatres plus souvent qu'un autre dont les parents sains décident de rompre leur relation conjugale devenue pénible.

Que les parents soient divorcés ou non, nous retrouvons à l'origine des problèmes psychiques chez l'enfant deux types de facteurs familiaux. En premier, ce sont des troubles psychiatriques suffisamment importants de l'un ou l'autre des deux parents. Et en second lieu, c'est le manque de sens pédagogique des parents. Évidemment ces deux facteurs peuvent interagir et il est quelquefois difficile de les isoler.

Alors que les problèmes psychiatriques requièrent un traitement spécifique, les problèmes issus du manque de sens pédagogique peuvent souvent être allégés ou même évités par des conseils appropriés.

C'est précisément le but de ce livre, en indiquant à l'enfant une ligne de conduite, de soulager et de prévenir certains problèmes émotifs résultant de l'inexpérience, de la naïveté et de l'inconscience parentale. Même si ce livre peut aussi servir à atténuer ou prévenir certaines difficultés causées par les problèmes psychiatriques des parents, l'auteur reconnaît bien que ces perturbations requièrent une approche plus intensive que l'information et les conseils.

Le livre s'adresse principalement à l'enfant qui pourra le lire seul ou avec un parent mais certains propos peuvent être utiles pour le parent qui fait face lui aussi aux mêmes problèmes.

Avant tout, ce livre repose sur le principe suivant : les enfants expriment certaines difficultés émotives parce que les parents divorcés ont du mal à aborder avec la franchise *appropriée* le sujet de leur divorce ; et cela malgré les meilleures intentions du monde et les conseils des spécialistes dans le domaine. J'insiste sur le mot « *appropriée* » car je ne crois pas que la vie des parents doive être un livre ouvert pour les enfants. Les parents ont tendance à cacher à leurs enfants certaines choses qu'ils ont droit de connaître et dont la révélation leur serait psychologiquement bénéfique. Les parents retiennent certaines informations croyant que leur divulgation serait émotivement nuisible à leurs enfants.

À cet égard, les enfants sont beaucoup moins fragiles que les parents le présument, ils sont plus capables qu'on le pense, d'accepter les réalités pénibles. Ce qui leur est plus difficile à assumer (et il en va de même pour les adultes), ce sont les angoisses émanant de l'ignorance et de la dissimulation, l'enfant imaginant alors les pires éventualités sans jamais pouvoir les vérifier. Les demi-vérités sèment la confusion et la méfiance alors que la vérité, quoique pénible, engendre la confiance et donne à l'enfant l'impression sécurisante de savoir où il se situe. Il est donc mieux préparé à faire face aux situations pénibles.

L'objectif fondamental de ce livre est d'aider les enfants à s'entendre mieux avec leurs parents divorcés. L'intention première n'est pas d'offrir aux parents des conseils pour mieux guider leurs enfants, même s'ils peuvent trouver de l'aide dans les propos qui suivront. Dans les nombreux livres et articles conseillant les parents divorcés sur la conduite à avoir avec les enfants, on propose deux attitudes contre lesquelles je m'inscris en faux. Ces recommandations ont plus souvent servi à aggraver 18 les problèmes d'un enfant qu'à les soulager.

D'une part, on leur recommande souvent de convaincre l'enfant que son parent absent (habituellement le père) l'aime encore malgré tout. On présume alors qu'il est important pour l'enfant de se sentir aimé par le père absent. Ce conseil ne vaut que dans les cas où le parent absent aime encore l'enfant, ce qui est sûrement vrai dans la majorité des cas.

Mais alors qu'en est-il lorsque le père habitant le même quartier visite rarement ou alors du père qui abandonnant sa famille ne donne plus signe de vie pendant plusieurs années? Qu'en est-il lorsque la mère s'enfuit en abandonnant ses enfants? Ces parents aiment-ils leurs enfants? Je le crois difficilement. Doit-on dire à ces enfants que leurs parents les aiment encore? À mon avis NON. Un enfant à qui l'on dit qu'une telle personne l'aime encore ne pourra pas vraiment le croire. L'enfant devine la duplicité et perd confiance en ce parent qui lui dit ce qu'il sait être faux. S'il est vrai qu'un parent peut aimer un enfant et ne jamais souhaiter le revoir, alors l'enfant ne saura plus ce que signifie vraiment l'amour.

Dans ces circonstances, l'enfant s'en sort plus facilement si on lui dit que le parent absent l'aime peu ou pas. Cela ne qualifie pas nécessairement l'enfant. Le fait que le parent n'aime pas son enfant n'implique pas que celui-ci n'est pas aimable et cela ne signifie en rien que l'enfant ne peut pas être aimé par quelqu'un d'autre éventuellement. Cela signifie souvent que ce parent (quelles que soient ses qualités) doit avoir de sérieux problèmes de personnalité qui l'empêchent d'aimer son propre enfant. Il mérite la pitié s'il est incapable de vivre ce grand plaisir. On devrait encourager l'enfant à chercher l'amour auprès de ceux qui sont capables de réciprocité car, sans échange, il ne peut y avoir de véritable amour.

Le second mythe consiste à croire que les parents divorcés ne devraient pas faire à l'enfant la critique de l'autre. On postule alors que, pour un bon équilibre, l'enfant doit respecter et admi- **19** rer ses deux parents. Seules les vertus des parents sont dignes de mention.

Ici encore, on engendre la méfiance et la confusion. L'enfant sait fort bien que chacun des deux parents attribue à l'autre des problèmes sérieux de personnalité car autrement pourquoi auraient-ils divorcé. Il est donc tout à fait logique qu'un enfant dont le parent ne parle qu'en bien de l'autre parent demande : « S'il était si formidable, pourquoi l'as-tu divorcé ? ». Cet enfant a déjà assez de soucis sans avoir en plus à se méfier de ses parents. De plus, ne pouvant se fier au parent le plus proche de lui, son image de la personne ainsi louangée sera évidemment déformée ; c'est seulement grâce à ses propres observations, souvent imparfaites, qu'il pourra confirmer ou infirmer ses fantasmes.

Dans de telles situations, l'attitude la plus saine consiste à fournir à l'enfant une image exacte de ses parents tels qu'ils sont avec leurs défauts, leurs qualités, leurs faiblesses et leurs forces. Comme tous les humains, leurs parents ne sont pas parfaits. Il doit respecter chacun pour les qualités qui commandent le respect et faire abstraction des points qui ne méritent pas l'admiration. Si les défauts d'un parent l'emportent sur ses qualités, tant pis. Cela ne qualifie pas l'enfant. Celui-ci souffrira peut-être de n'avoir aucun modèle valable auquel s'identifier, mais est-ce pire que de rivaliser avec une personne artificielle dont les atouts n'existent qu'en paroles — ces paroles mêmes auxquelles l'enfant ne peut vraiment croire.

Il faut mériter le respect, il ne repose pas sur la duplicité et l'autorité. Habituellement, l'enfant voit au delà des apparences.

Vous demanderez : « Alors dois-je lui raconter tous les détails sordides ? » Non, car cela ne serait pas dans son intérêt non plus. Il y a un juste milieu qui n'est pas facile à atteindre et on peut sûrement définir des lignes de conduite. Chaque parent dans son interaction avec son enfant doit admettre bon gré mal gré que l'enfant jugera son comportement. Le parent se doit **20** alors d'aider l'enfant à distinguer clairement ses comportements de ceux de son ex-conjoint. Étant donné l'absence proverbiale d'objectivité avec laquelle la plupart des parents divorcés décrivent les imperfections de leur ex-conjoint, ils se doivent d'être prudents et vigilants dans ces circonstances. Cependant, certaines situations sont claires. Quand un père saute une visite, cela indique un manque d'intérêt et doit être ainsi identifié. Quant il montre un authentique intérêt pour le bien-être de son enfant, c'est qu'il est réellement impliqué et il importe de le reconnaître. Quand une mère confie son enfant à une fillette de sept ans, cela s'appelle de la négligence et doit être ainsi identifié. Quand elle se prive volontairement d'une robe pour acheter quelques vêtements à ses enfants, elle montre de l'intérêt réel et il faut que les enfants le sachent.

Les détails du conflit conjugal, plus précisément les détails sordides, en général, ont peu d'importance pour l'enfant lui-même. Ils relèvent de la vie privée des parents et les enfants doivent en être rendu conscients. L'enfant aussi a droit à ses secrets et les parents doivent les respecter. Les détails du comportement d'un parent à l'égard d'un enfant, si méprisable soit-il, *sont de ses affaires,* tous doivent admettre ce fait. On se doit de ne discuter de ces détails qu'à un niveau accessible à l'enfant en s'appuyant sur sa capacité de compréhension. C'est dans une telle atmosphère que l'enfant saura ce qu'il peut critiquer et ce qu'il peut admirer, ce qu'il peut aimer et ce qu'il peut rejeter. Il saura ainsi d'autant mieux affronter les vicissitudes et les ambiguïtés de la vie auxquelles chaque parent se doit de le préparer.

J'ai écrit ce livre pour les enfants, pour les préparer à faire face au divorce de leurs parents et non pour ceux-ci. Il est une recommandation sur laquelle j'aimerais particulièrement insister; d'autant plus que les manuels auxquels j'ai fait allusion et qui donnent tant de mauvais conseils, l'émettent généralement. Si j'en fais un cas spécial, c'est qu'étrangement, c'est non seulement une façon simple et efficace de prévenir les réactions 21 pathologiques chez l'enfant, mais également un moyen de les atténuer. Ce à quoi je fais allusion, c'est qu'il est facile pour des parents de passer quelques instants de chaque journée seuls avec chacun de leurs enfants. Il ne faut faire cela que lorsque le parent peut consacrer toute son attention exclusivement à l'enfant et qu'il pourra engager avec lui dans une conversation satisfaisante ou dans une activité agréable pour les deux. Il ne suffit que de dix à quinze minutes mais il faut que cette routine quotidienne ait priorité sur toutes les autres activités ou obligations et préférablement à un moment où les deux, parent et enfant, ne sont plus distraits par d'autres préoccupations. Ce qui peut arriver de mieux dans ces moments c'est que parent et enfant communiquent au niveau des vrais sentiments et des vraies émotions. Ces instants d'échange et de résonnance empathique constituent à coup sûr les assises d'une saine communication et forment le plus puissant antidote à ces obstacles pathogènes dans la relation parent-enfant.

Dans ce livre, je présente à l'enfant quelques-uns des problèmes courants auxquels les enfants de parents divorcés ont à faire face, ainsi que des suggestions pour l'aider à solutionner et à s'adapter à ses difficultés. Mon but est d'aborder ces questions de la façon la plus honnête, à un niveau de compréhension et de lecture tout à fait adapté à l'enfant de 9 à 13 ans. Les adolescents trouveront aussi quelqu'intérêt à lire ce livre même si sa lecture leur paraît « trop enfantine ». Le parent averti sera sensible à la crainte de l'adolescent de s'identifier le moindrement à ce qui rappelle l'enfance mais cela ne l'empêchera pas d'encourager l'adolescent à lire ce livre.

Certains enfants réagiront peut-être avec anxiété à un passage ou à un autre du livre, mais, selon mon expérience, tel n'a pas été le cas en général. Au contraire, la majorité fut prise d'un intérêt enthousiaste et réel pour le livre. Plus souvent qu'autrement, l'anxiété émanait des parents plutôt que des enfants. Le parent qui décide à priori que cette lecture perturbera l'enfant, risque de

le priver de la chance de lire quelque chose qui pourrait lui être éminemment utile. Laissez votre enfant juger par lui-même. L'enfant pour qui le contenu s'avère trop pénible est très rare, mais il pourra toujours s'en protéger en se désintéressant du livre ou en refusant de le lire. Au pire, il ressentira une anxiété de courte durée mais il ne souffrira pas d'un dommage permanent. Ce n'est qu'un contact prolongé avec des expériences néfastes et traumatisantes qui cause de tels dommages. Si votre enfant hésite, n'insistez pas. Au lieu de cela, dites-lui plutôt qu'il n'est pas obligé de lire le livre s'il n'en a pas envie, et qu'il pourra toujours changer d'idée.

Puisque règle générale, la mère a la garde physique de l'enfant et que le père exerce des droits de visites, ce livre s'adresse plutôt à l'enfant qui est dans cette situation. Cependant, les autres trouveront également ici de nombreuses suggestions pertinentes.

Ce livre ne doit pas être lu d'un seul trait. La majorité des enfants ne peuvent intégrer tous ces renseignements d'un seul coup, de façon utile. La *table des matières* est suffisamment détaillée pour permettre à l'enfant de choisir selon ses intérêts et ses préoccupations. Le livre ne perdra peu de son utilité s'il n'est pas lu à la suite. *J'espère que les sujets abordés ici seront le point de départ pour d'autres échanges entre enfants et parents.* Ces conversations facilitent la solution des problèmes familiaux tout en resserrant les liens entre parents et enfants. Ainsi cette recherche commune et ces échanges aideront à combler entre parents et enfants ce fossé que provoque si souvent le divorce.

INTRODUCTION POUR LES FILLES
ET LES GARÇONS

JE M'APPELLE Richard Gardner et je suis psychiatre d'enfants. Pour ceux qui ignorent ce qu'est un psychiatre, je dirai que c'est un médecin d'un genre spécial qui essaie d'aider les enfants qui ont des problèmes et des inquiétudes.

Il y a des enfants qui viennent me voir avec les difficultés qu'ils rencontrent parce que leurs parents sont divorcés. Ces enfants se sentent souvent plus à l'aise avec leurs problèmes après avoir pris contact avec ce qu'ils pensent et ce qu'ils ressentent. Je parle avec eux de ce qu'ils peuvent faire pour que les choses aillent mieux. De plus, avec ces enfants, j'ai beaucoup appris sur eux, leurs idées, leurs sentiments et sur les moyens qu'ils peuvent prendre pour s'aider eux-mêmes. J'ai donc écrit ce livre afin que d'autres enfants de parents divorcés profitent de ce que ces enfants et moi avons appris ensemble.

Quelques précisions avant que je commence à parler du divorce : quand quelque chose de triste ou de douloureux arrive, en général ce que tu aurais le mieux à faire, c'est de rechercher ce qui vraiment ne va pas. Après, ce sera plus facile pour toi de décider quoi faire pour améliorer la situation. Certains enfants font le contraire, ils font semblant qu'il n'y a rien qui cloche ou bien ils essaient de camoufler leur chagrin. En faisant de la sorte, ils ne cherchent pas à s'aider et la plupart du temps leurs problèmes restent, ne se règlent pas et peuvent même s'aggraver. Il vaut mieux pour toi que tu affrontes ton problème plutôt que de le fuir, même si bien souvent la vérité peut te faire peur ou te faire mal. Quand tu connais la vérité, tu peux changer quelque

chose, mais si tu la fuis tu ne peux rien faire et tout devient plus difficile pour toi.

Lorsque leurs parents divorcent, beaucoup d'enfants nient la réalité, comme je viens de te l'expliquer. Mais s'ils cessaient de dissimuler leurs problèmes et s'ils passaient à l'action, ils s'en sentiraient mieux. Il est temps que tu cesses de jouer à cache-cache.

Ici je donne des conseils aux enfants sur ce qu'ils peuvent faire. Leurs parents divorcés, beaucoup d'enfants sont bien malheureux, mais ils pensent qu'il n'y a rien à faire. Moi, je ne suis pas d'accord. Dans ce livre, je vais te dire comment tu peux t'aider toi-même. Je vais t'expliquer ce que beaucoup d'enfants de parents divorcés éprouvent. Parfois tu pourras partager leurs sentiments, d'autres fois, pas du tout. Dans le cas où tu trouverais qu'un enfant te ressemble dans ce qu'il ressent, tu pourras lire ce que je lui suggère de faire pour s'en sortir, à lui comme à toi.

J'aurai à aborder un grand nombre de questions. N'essaie pas de tout lire tout de suite. Si tu veux, prends la *table des matières,* cherche ce qui t'intéresse et lis cela d'abord. Ce livre est comme une encyclopédie. Tu n'es pas obligé de lire tous les chapitres à la suite. Cependant, si tu n'en lis qu'une partie, lis la bien et sois sûr d'avoir compris tout ce qui y est dit. S'il y a quelque chose que tu ne comprends pas, demande des explications à l'un de tes parents. N'aies pas honte de poser plusieurs fois la même question. Il y a de fortes chances pour que tes parents soient bien contents de te l'expliquer, jusqu'à ce qu'ils soient certains que tu l'aies bien compris. Il y a des enfants qui seront heureux de lire ce livre avec l'un de leurs parents. En fait, je trouve qu'il est bon de discuter le plus possible de tout ce que tu lis dans ce livre avec tes parents.

Si tu lis ce livre attentivement et que tu y réfléchis et qu'en plus tu essaies ce que je te suggère, je pense que tu te sentiras bien plus à l'aise avec tes problèmes.

Un mauvais cheval ou pas de cheval du tout ?

1.

CE QU'IL FAUT CONNAÎTRE
DU DIVORCE

LE CHOIX À LA HOBSON   Tu prends ce qui passe ou bien tu t'en passes. Pour débuter, je vais te parler d'un certain monsieur Thomas Hobson. Il vivait en Angleterre il y a de cela 400 ans. À cette époque, il n'y avait pas d'autos, tout le monde se déplaçait à cheval et monsieur Hobson avait beaucoup de chevaux. Il les gardait en écurie, et lorsqu'on avait besoin d'un cheval, on allait le voir pour lui en louer un. Mais ces gens qui venaient, perdaient un temps fou à choisir leur cheval. Ils ne savaient jamais lequel choisir. Alors M. Hobson qui en avait assez, inventa un règlement. Il dit ceci : « Si vous voulez un cheval, c'est à vous de prendre le premier qui se présente, autrement, de cheval vous vous passerez ». Si bien que pour les gens en mal de moyen de locomotion, le choix devint très clair : « un cheval que je n'aime pas ou alors rien du tout ». On en vint à appeler ça le « choix à la Hobson ». De nos jours on parle encore de ce choix « à la Hobson ». Chaque fois que l'on doit choisir quelque chose que l'on aime pas de peur de ne rien avoir du tout, on choisit « à la Hobson ».

Et bien pour les parents qui ne sont pas satisfaits de leur mariage, il s'agit aussi d'un choix « à la Hobson ». Ils ont à choisir **31**

32   Un mauvais mariage ou pas de mariage du tout ?

entre leur mariage qui ne marche pas et pas de mariage du tout. Certains gardent leur mariage malheureux et d'autres décident de ne plus en avoir.

Ceux qui gardent leur mauvais mariage continuent souvent à se disputer et à être malheureux. Ceux qui décident de se divorcer sont ordinairement tristes et se sentent bien seuls pendant un certain temps.

Très souvent, les parents sont tristes de se divorcer parce qu'ils savent combien ils feront de peine à leurs enfants. Mais parce que le mauvais mariage les fait beaucoup souffrir eux aussi, ils croient qu'ils doivent quand même se divorcer. Ils ne souhaitent pas peiner leurs enfants mais ils doivent tenir compte de leurs propres sentiments.

D'habitude l'enfant n'a pas son mot à dire. Il doit suivre ce que ses parents décident. Si l'on permettait à un enfant de choisir entre un mauvais mariage avec tous ses inconvénients et un divorce avec solitude, la plupart des enfants choisiraient le mauvais mariage. Ça ne serait peut-être pas le meilleur choix. Souvent il vaut mieux pour l'enfant d'avoir des parents divorcés que des parents ensemble qui se chicanent beaucoup.

Ceci est très important. Les psychiatres ont découvert que les enfants qui demeurent avec un père et une mère qui ne s'entendent pas sont souvent troublés et ont beaucoup de problèmes et d'inquiétudes. Les enfants dont les parents se divorcent ont souvent moins de ces problèmes. Évidemment, il vaut mieux vivre dans un foyer où les deux parents sont contents. Mais si ce n'est pas possible tu es bien mieux dans un foyer désuni que dans un autre où il y a beaucoup de querelle et de chagrin. De plus, une fois divorcés, tes parents pourront chacun se trouver quelqu'un avec qui ils pourront être plus heureux. Alors tu auras peut-être un foyer heureux. Il y a des parents très malheureux de leur mariage qui ne se divorcent pas parce qu'ils pensent que ce serait pire pour leurs enfants. Mais c'est une erreur car, je l'ai dit avant, les enfants s'en sortent mieux s'il y a un divorce que s'ils restent dans le foyer malheureux.

COMMENT ON SE SENT APRÈS LE DIVORCE Souvent les enfants sont surpris de découvrir qu'après le divorce tout est calme à la maison et ça pour la première fois de leur vie. C'est drôle à dire, mais après le divorce un enfant aura peut être plus de temps pour se retrouver avec son père qu'avant, quand le père vivait avec lui. Souvent les pères et mères ont l'air plus heureux et moins chichiteux après le divorce.

Il y a des enfants cependant qui sont très très tristes après le divorce. Ils n'ont pas envie de manger, ils dorment mal ; ils ne s'intéressent plus à leurs études ou à leurs jeux et ils s'ennuient tout le temps. Ils passent beaucoup de temps à se rappeler tout ce qu'ils faisaient avec leur père.

Le bon vieux temps avec papa.

Ils s'ennuient beaucoup de leur père et ils souhaitent souvent que leurs parents se remarient. Ils pleureront beaucoup et auront peut être honte de pleurer. Il n'y a aucune raison d'avoir honte de pleurer après le divorce de tes parents. À chaque fois que tu pleures tu te sens mieux après comme on dit souvent. C'est mieux de dire ce qu'on a sur le coeur. C'est ainsi que les enfants malheureux finissent par se sentir mieux et avec le temps ils s'habituent à vivre sans leur père. Il est important de noter : si on laisse un peu le temps passer, les douleurs du divorce feront de moins en moins mal. Un enfant se sent mieux s'il sait que sa mère peut se remarier un jour. Et si un enfant se fait des amis, de son âge ou plus vieux, ça peut compenser la perte de son père.

Mais certains enfants passent beaucoup de temps à souhaiter que leurs parents se réconcilient même si leurs parents leur ont dit souvent qu'il n'en était pas question. Tant et aussi longtemps qu'ils penseront à cela, ils seront tristes. Quand enfin ils cessent d'attendre ce qui ne peut pas arriver et qu'ils se mettent à chercher des amis pour compenser l'absence de leur père, ils commencent alors à se sentir mieux.

2.

À QUI LA FAUTE ?

QUAND IL Y A UN DIVORCE, on entend souvent dire : « c'est de ta faute, c'est toi qui es responsable » et quelquefois les parents se blâment mutuellement pour le divorce ou blâment les enfants. Il arrive même que chaque membre de la famille se sente responsable. Dans ce chapitre, je vais te montrer à quel moment les gens sont responsables de quelque chose et à quel moment ils ne le sont pas.

TES PARENTS NE SE DIVORCENT PAS PARCE QUE TU N'AS PAS ÉTÉ GENTIL   Quelquefois un enfant pense que ses parents se sont divorcés parce qu'il n'a pas été gentil. Ce *n'est pas* la cause du divorce des parents. Il se divorcent parce qu'ils sont malheureux et qu'ils ne veulent plus vivre ensemble. Ce *n'est pas* parce que les enfants n'ont pas été très gentils.

Très souvent ceux qui pensent que leurs parents se sont divorcés parce qu'ils n'ont pas été gentils n'ont justement pas fait de grosses bêtises. Évidemment, ils ont fait quelques sottises de temps en temps, mais ils pensent que c'est parce qu'ils ont fait ces choses pas gentilles que leurs parents se divorcent. Ce n'est pas ça du tout. Le divorce n'a rien à voir avec ces fois où ils n'ont pas été gentils.

Ces enfants pensent quelquefois que s'ils essaient fort, fort, d'être gentils, leurs parents se remarieront ensemble. Je n'ai jamais vu ça arriver. Comme le divorce n'a rien à voir avec ce que tu fais de mal, même si tu essaies d'être parfait, tes parents ne se remarieront pas ensemble.

Si tu penses comme ça, demande à tes parents s'ils se sont divorcés parce que tu n'as pas été gentil. Je suis certain qu'ils te diront que ça n'a rien à voir. Cependant, de temps en temps, un parent va dire qu'il s'est divorcé parce l'enfant n'a pas été gentil. Si l'un de tes parents te dit une telle chose, ne le crois pas. S'il dit ça, ça veut dire qu'il a tant de problèmes ou d'inquiétudes qu'il est difficile pour lui de voir les choses telles qu'elles sont vraiment.

Les enfants qui croient que leurs parents se sont divorcés parce qu'ils n'ont pas été gentils sont très tristes. Ils passent beaucoup de temps à se dire combien ils ont été vilains et à penser à être gentils pour que leurs parents se remarient. Souvent ces enfants passent peu de temps avec leurs amis et ne s'occupent pas tellement de leur travail scolaire.

Certains enfants pensent que le divorce est de leur faute parce que ça leur donne l'impression qu'ils peuvent contrôler la situation. Laisse-moi t'expliquer exactement ce que je veux dire. Aussi longtemps que l'enfant croit qu'il a causé le divorce de ses parents, c'est facile pour lui de croire qu'il a le pouvoir de les ramener ensemble. Croire que c'est de sa faute s'ils se sont divorcés, c'est croire qu'il a un pouvoir sur la vie de ses parents qu'il n'a vraiment pas. En se blâmant de la sorte, il se donne l'espoir qu'il sera capable de les amener à se remarier.

Il vaut mieux pour ces enfants d'arrêter de chercher des moyens de réconcilier leurs parents, d'accepter le fait qu'ils ne se remarieront pas et de bien comprendre qu'ils n'y peuvent rien. C'est l'une de ces choses sur lesquelles ils n'ont pas de contrôle. Il y a bien des choses dans la vie qu'on ne contrôle pas et le divorce **38** de ses parents en est une. Les enfants doivent apprendre à admettre ce fait. Une fois ce fait accepté, ils doivent tenter de meubler leur solitude en faisant des choses avec leurs amis, leurs camarades d'école et les gens de leur entourage.

LES ERREURS ET LES MALADRESSES DES PARENTS.

Après le divorce, quelquefois les enfants pensent que c'est de la faute de leur mère ou de leur père ou des deux, s'ils se sentent si tristes et si seuls. Oui, c'est de leur faute mais très souvent ils n'ont pas voulu faire de peine à leurs enfants même s'ils leur en ont causée. Les exemples qui vont suivre vont t'aider à comprendre.

Voici un garçon qui travaille dans l'atelier avec son père. Accidentellement son père lui écrase le doigt avec le marteau. Le doigt du garçon est blessé et lui fait mal. Le père est vraiment désolé, s'excuse et le garçon lui pardonne. Dans peu de temps son doigt lui fera moins mal et ils continueront à travailler ensemble.

Même si le père du garçon lui a fait mal par maladresse, il est responsable du doigt blessé et il s'est senti bien triste de lui avoir fait mal.

L'autre garçon travaille aussi avec son père. Son père se fâche et fait exprès pour frapper son doigt avec le marteau. Le doigt de ce garçon fait aussi mal. Le père ne s'excuse pas. Le garçon ne lui pardonne pas. Au lieu de cela, il arrête de travailler à l'atelier de son père pour le reste de la journée.

Alors comme tu vois, les deux garçons ont mal au doigt parce que leur père leur a donné un coup de marteau sur le doigt. Le père de l'un a frappé par accident et l'autre a fait exprès. D'une façon, c'est de la faute des pères si les garçons ont mal au doigt mais le père qui l'a fait accidentellement est bien moins à blâmer que celui qui l'a fait exprès.

C'est à cause de leurs erreurs que les parents divorcés font de la peine à leurs enfants.

Très souvent les parents pensent que c'était une erreur de se marier. Ils sont peinés d'avoir fait mal à leurs enfants en faisant cette erreur. Ceci les rend très tristes, mais comme dans l'histoire du père qui a frappé sans faire exprès, il n'y a rien à faire maintenant que l'accident est arrivé.

CE QUE LES PARENTS NE CONTRÔLENT PAS   Quelque fois il y a un divorce parce que les parents ne peuvent contrôler ce qui leur arrive.

Le père d'une fille buvait trop de bière et de whisky. Il se saoulait souvent. C'est à cause de ça qu'il ne pouvait garder un emploi et prendre soin de sa famille. Finalement sa femme a décidé de divorcer. Il avait essayé souvent d'arrêter de boire, mais il n'y arrivait jamais. Ça le rendait très triste de penser que parce qu'il ne pouvait s'empêcher de boire, sa femme et ses enfants étaient malheureux.

D'une façon le père était à blâmer pour le divorce mais le tout était causé par quelque chose que le père ne pouvait pas contrôler. Il y a bien d'autres problèmes que les parents ne contrôlent pas et qui causent les divorces.

Les parents qui font de la peine à leurs enfants parce qu'ils ont commis l'erreur de se marier et les parents qui font de la peine à leurs enfants à cause des tracas et des ennuis qu'ils ne contrôlent pas, sont en général des gens qui ne veulent pas du tout faire de mal à leurs enfants. Même si tu te sens fâché contre eux, il est important que tu te rendes compte que tu dois aussi être peiné de ce qui leur arrive parce qu'eux aussi sont malheureux. Si tu passes ton temps à dire que c'est de leur faute, ça ne t'avancera pas.

LE PARENT QUI EST À BLÂMER Cependant, il y a des parents qui ne veulent pas du tout s'occuper de leur famille et qui partent tout simplement. Je me réjouis de dire qu'ils sont très rares. Ce n'est pas par erreur ou par manque de contrôle qu'ils ont causé la tristesse de leurs enfants. C'est parce qu'ils sont des gens qui ne pensent qu'à eux et à personne d'autre. Ils sont à blâmer. Ils partent parce qu'ils veulent partir et c'est bien difficile d'avoir de la peine pour eux quand tu te sens bien seul et triste.

Cependant, tu n'arrives à rien en restant choqué contre des parents pareils. Si tu as essayé de te faire aimer par un tel parent et de l'intéresser à ta famille et si ça n'a rien donné malgré tes efforts, il vaut mieux tout oublier le plus vite possible et tenter de trouver des gens qui vont s'intéresser à toi. Souviens-toi que ce n'est pas parce qu'un tel parent ne s'intéresse pas à toi qu'un autre ne s'intéressera pas à toi éventuellement.

ET QUOI D'AUTRE SUR LE BLÂME Souvent les parents essaient de se blâmer l'un l'autre pour les problèmes du mariage. Chacun met toute ou presque toute la faute sur l'autre. Chacun dira que l'autre l'a fait exprès plutôt que de dire qu'il l'a fait par erreur ou parce qu'il ne pouvait faire autrement. En général, ce n'est pas vrai. Ordinairement c'est un peu la faute des deux ; c'est parce qu'ils n'y pouvaient rien ou parce qu'ils se sont trompés que c'est arrivé. Souvent chaque parent a fait quelques erreurs et chaque parent fait face à des situations difficiles qu'il ne contrôle pas très bien. Les parents comme le reste du monde préfèrent blâmer quelqu'un que de prendre la responsabilité de leurs gestes.

Quelquefois, il arrive qu'un enfant ne peut pas blâmer ses parents parce qu'il les croit parfaits, alors il s'imagine que c'est de sa faute. Un tel enfant ne sait pas encore tout ce que je viens de te dire, à savoir que les parents ne sont pas parfaits, qu'ils font des erreurs, qu'ils posent des gestes qu'ils n'aiment pas et cela malgré eux. Ça ne veut pas dire qu'ils sont bons à rien, ça veut dire tout simplement qu'il y a des choses qu'ils font moins bien que d'autres.

C'est une perte de temps que de chercher à qui la faute. Ça n'amènera pas les parents à se remarier. Ça ne changera rien de te blâmer, blâmer ta mère ou ton père. Il est important que tu arrêtes de blâmer les gens pour ce qui est arrivé dans le passé — on ne peut changer ce qui est passé — et que tu commences à agir pour que ton avenir soit plus heureux.

Quelquefois c'est de l'amour

Quelquefois c'est de la haine

3.

L'AMOUR D'UN PARENT POUR SON ENFANT

ON SE SERT SOUVENT du mot amour. Il peut vouloir dire beaucoup de choses parce qu'il y a plusieurs sortes d'amour. Ici je vais parler de l'amour du parent pour son enfant. Je ne parlerai pas de l'amour entre le père et la mère ou de l'amour de l'enfant pour son parent. C'est compliqué de parler de l'amour parce que souvent les gens se servent du mot amour alors qu'ils veulent dire autre chose. Et c'est justement ce qui arrive aux parents divorcés. Je t'en parlerai plus tard. Dans ce chapitre je vais tenter de clarifier les choses pour les enfants de parents divorcés qui ne comprennent presque plus rien à l'amour.

LES SENTIMENTS MIXTES OU LE MÉLANGE DES SENTIMENTS Rappelle-toi bien que l'amour n'est jamais toujours pareil. Même si une personne aime beaucoup quelqu'un d'autre il y a des moments où elle a d'autres sentiments à son égard — sentiments de mécontentement, de colère et même de haine. D'habitude il y a un certain mélange dans les sentiments, quelque fois c'est de l'amour, quelquefois de la peur, quelquefois de l'ennui, quelquefois bien d'autres sentiments également. C'est pourquoi je dis que quand une personne en aime une autre, bien   **45**

Quelquefois c'est de la peur

Quelquefois c'est de l'ennui

sûr, il y a un sentiment d'amour, mais il y a aussi tout un mélange d'autres sentiments.

Il y a des enfants qui pensent que ce n'est pas correct ou que c'est méchant d'avoir des sentiments mixtes. Ils croient qu'ils devraient aimer leurs parents tout le temps. Ça c'est une idée fausse. Si ta mère fait quelque chose que tu n'aimes pas, tu ne peux pas *à ce moment là* avoir un sentiment d'amour. D'habitude à cet instant, tu auras un sentiment de colère ou même de haine. Cela est normal, et c'est ainsi que la plupart des enfants se sentent. Quand on enseigne aux enfants que ce n'est pas correct d'avoir des sentiments de colère ou même de haine envers ses parents, ils se sentent souvent mal d'éprouver de tels sentiments. Si ces enfants savaient ce que je te dis — à savoir que chaque enfant ressent quelquefois la haine et que c'est normal d'avoir des sentiments mixtes de haine et d'amour — alors ils se sentiraient bien mieux en dedans.

De même, certains enfants pensent que les parents ne devraient pas avoir des sentiments mixtes. Ils croient qu'un parent ne devrait avoir que des sentiments d'amour et rien d'autre. Ça ne peut pas se passer comme ça. Même les parents les plus affectueux ressentent des sentiments de colère ou de haine à l'égard de leurs enfants. Quand un enfant fait quelque chose qui fait mal au parent, c'est normal pour le parent d'être en colère contre l'enfant et pour un court moment de ne pas ressentir d'amour pour lui. Plus tard, le parent va encore aimer l'enfant. Quand deux personnes s'aiment, elles s'aiment presque tout le temps mais pas tout le temps. À cet égard, les parents et les enfants c'est un peu comme des amis, tantôt ils aiment être ensemble, tantôt ils ne veulent pas. Tantôt ils s'aiment, tantôt ils ne s'aiment pas. Dans une amitié amoureuse, il y a bien plus d'amour que d'autres sentiments.

Il y a des gens qui croient que parce qu'une personne est un parent il devrait aimer ses enfants tout le temps. Non, ce n'est pas ainsi. Même si la plupart des parents ont surtout des sentiments d'amour pour leurs enfants, certains en ont peu et certains n'en ont pas du tout. Heureusement ces derniers sont très rares.

CERTAINS PARENTS COMPLIQUENT LES CHOSES

C'est très difficile pour un enfant de savoir si ses parents l'aiment beaucoup, peu ou pas du tout. La plupart des parents aiment beaucoup leurs enfants. Parfois des parents qui aiment peu ou pas du tout leurs enfants disent qu'ils les aiment beaucoup. Ça, ça embrouille beaucoup les enfants. C'est pour cette raison qu'il ne faut pas se fier à ce qu'une personne dit pour savoir si elle t'aime vraiment.

Pour l'enfant dont les parents sont divorcés, c'est encore plus difficile. Quand un père quitte sa famille, ses enfants pensent souvent qu'il est parti parce qu'il ne les aimait pas. Très souvent ce n'est pas vrai. Il a quitté parce que lui et la mère ne voulaient plus vivre ensemble. Le père habituellement aime beaucoup ses enfants, souhaiterait pouvoir vivre avec eux et regrette beaucoup, beaucoup de les laisser. Cependant, quelques pères qui quittent le foyer n'aiment vraiment pas leurs enfants ou les aiment alors très peu.

Parfois, un père divorcé n'aime pas ses enfants et, malgré tout, la mère dit aux enfants qu'il les aime en sachant fort bien qu'il ne les aime pas. Elle a peut-être lu quelque part que c'est la chose à dire et elle leur dit ça tout simplement parce qu'elle pense que c'est bon pour eux. Elle est convaincue de faire de son mieux en leur disant que leur père les aime même si elle sait que ce n'est pas vrai. Ils s'en sortiraient mieux si elle leur disait la vérité, à savoir qu'il les aime peu, pas du tout ou qu'elle ne sait pas combien il les aime. Ainsi ils auraient plus confiance en leur mère et seraient moins embrouillés au sujet de l'amour de leur père pour eux.

Il y a des mères qui ne disent rien de mal à propos du père parce qu'elles pensent qu'ainsi les enfants vont continuer à aimer le père même après le divorce. Pour ce faire, les mères sont obligées de dire aux enfants des choses qu'elles jugent fausses et de cacher aux enfants les défauts ou les travers de leur père. Si ta mère fait ça, c'est parce qu'elle pense qu'il sera meilleur pour toi de ne pas connaître les défauts de ton père. Elle peut même avoir lu qu'elle ne doit rien dire de mal de ton père devant toi, ou elle pense peut-être qu'il faut que quelqu'un soit parfait pour que tu l'aimes. Mais personne n'est parfait et quand on aime quelqu'un, habituellement ça veut dire qu'on l'aime malgré qu'il ne se conduise pas toujours très correctement. Chacun a ses bons et mauvais côtés. Quand on dit qu'on aime quelqu'un, ça veut dire qu'il a plus de choses qu'on aime que de choses qu'on aime pas.

Il vaudrait mieux pour toi que ta mère te parle franchement des bons points de ton père ainsi que de ses travers. Ainsi, tu saurais pourquoi tu aimes ton père et pourquoi il y a des choses que tu n'aimes pas chez lui et de plus, tu saurais quand il est affectueux avec toi et quand il ne l'est pas. Si une mère ne parle pas du tout des défauts du père et donne l'impression qu'il est parfait, ses enfants diront probablement : «alors s'il était si formidable, pourquoi t'es-tu divorcée?». Elle n'est pas forcée de te parler de tous les défauts de ton père. Il y a des choses personnelles. Puisque tu as des pensées personnelles que tu gardes secrètes, ainsi ta mère a le droit de garder pour elle certaines de ses pensées. Elle a ses idées et ses pensées à elle sur le divorce. Elle te fera part de quelques unes mais c'est son droit de ne pas parler des autres.

J'ai surtout discuté des mères qui cachent les défauts du père aux enfants. Les pères aussi peuvent faire ça et ils essaieront de dire aux enfants que leur mère est parfaite alors qu'ils savent fort bien qu'elle ne l'est pas. C'est pour les mêmes raisons que c'est aussi mauvais pour un père de faire ça que pour une mère.

Il y a des parents qui croient qu'en reconnaissant leurs torts devant leurs enfants ceux-ci les aimeront moins ou ne les aimeront plus. Ces parents pensent que leurs enfants ne les aimeront que s'ils sont parfaits. Donc, ils essaieront de cacher leurs défauts. Mais personne n'est parfait. Ce parent ne se rend pas compte que s'il a quelques défauts et qu'il l'admet, ses enfants auront plus de respect et d'amour pour lui et sûrement pas moins. On admire souvent celui qui a le courage de reconnaître ses défauts. C'est seulement si un parent a de très très gros défauts qu'un enfant perd le respect et l'amour qu'il a pour lui.

COMMENT SAVOIR SI QUELQU'UN T'AIME Imagine qu'un parent quitte le foyer et ne revienne jamais. Imagine qu'il dise qu'il t'aime alors qu'il ne t'aime pas. Imagine que les parents divorcés ne disent jamais rien de mal sur le compte de l'autre devant les enfants. Eh bien, comment l'enfant peut-il faire pour savoir si on l'aime ?

Si tel est ton problème, tu peux d'abord partager avec tes parents certains des propos que tu viens de lire. Peut-être admettront-ils qu'ils se sont trompés en te cachant trop de choses et par la suite te diront-ils des choses qui t'aideront à décider s'ils t'aiment oui ou non. S'ils te racontent des choses nouvelles ça te prendra du temps — quelques semaines ou quelques mois — à décider exactement comment ils se sentent vis-à-vis de toi et comment ils t'aiment, si c'est beaucoup, peu ou pas du tout.

Une autre façon de t'y prendre, c'est de découvrir dans quelle mesure ton parent a envie d'être avec toi. Pour t'aimer, il ne suffit pas qu'une personne *dise* qu'elle *veut* être avec toi tout le temps. Il faut encore qu'elle te montre qu'elle *essaie* d'être avec toi le plus souvent possible. Habituellement, un père travaille toute la journée et une mère a toute sa besogne à la maison. Les parents ont beaucoup d'autres choses à faire en plus. Mais quand toutes ses affaires semblent *toujours* venir en premier, quand toi tu as l'impression de *toujours* passer en dernier, alors c'est possible que ce parent ait peu d'amour pour toi. Quand un père divorcé habitant tout près vient rarement te voir, tu peux supposer qu'il n'aime pas beaucoup son enfant.

Une autre façon de découvrir si ton parent t'aime c'est de voir s'il se dérange quand toi tu vas mal ou jusqu'à quel point il se soucie de toi quand tu es malade, blessé ou chagriné. Le parent affectueux essaiera de t'aider quand tu en auras besoin et il s'inquiétera quand tu éprouveras des difficultés.

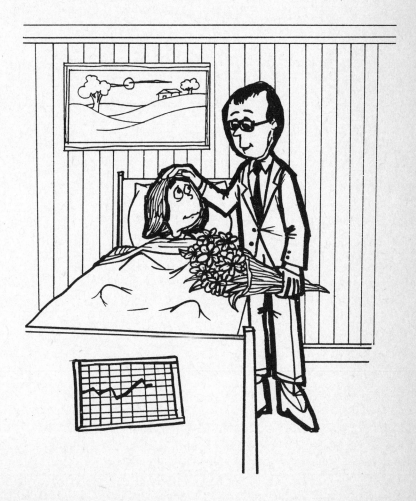

Également, tu peux savoir si tu es aimé en voyant dans quelle mesure tes parents se réjouissent de ce que tu apprends de neuf. Sourient-ils lorsque tu leur montres ce que tu viens de faire ou d'apprendre? Si la plupart du temps, ils te répondent en grognant ou en marmonnant et en ayant l'air ennuyé, alors peut-être ne t'aiment-ils pas beaucoup.

Encore une autre façon : sont-ils fiers de toi? Les parents qui aiment, veulent que leurs amis rencontrent leurs enfants et ils sont fiers de raconter ce que leurs enfants ont fait de bien. S'ils ne font pas ça ou le font très rarement, c'est peut-être qu'ils ne t'aiment pas beaucoup.

Tu peux aussi savoir su tu es aimé, en voyant s'ils aiment faire des choses avec toi. Quelles que soient les choses que vous faites, ce qui compte c'est d'avoir du plaisir à les faire ensemble. Si un père a peu envie de faire des choses avec toi, c'est qu'il t'aime peu.

Même si un parent se fâche quelques fois dans une journée, ça ne veut pas dire qu'il ne t'aime pas. Quelques fois par jour c'est normal. On se fâche tous de temps en temps. Mais quand un parent est fâché presque tout le temps, chaque jour, alors il est très possible qu'il n'éprouve peu ou pas d'amour pour toi.

Tu peux apprendre quelque chose sur l'amour des parents en observant s'ils te prennent dans leurs bras ou s'ils t'embrassent. Évidemment, ça peut diminuer au fur et à mesure que tu grandis. Mais les parents affectueux aiment toucher leurs enfants même si ce n'est que pour quelques instants.

L'amour est un sentiment bien compliqué et il y a bien d'autres aspects dont je n'ai pas encore parlé. C'est un sujet difficile à comprendre et il vaudrait mieux en discuter soigneusement avec un adulte afin de t'assurer que tu as bien compris, car il se pourrait que des enfants, après avoir lu ce que je viens d'écrire, décident que l'un de leurs parents ne les aime pas alors que c'est tout le contraire. Ces enfants n'auront tout simplement pas bien compris ce que j'essayais d'expliquer.

QUE FAIRE SI L'UN DE TES PARENTS NE T'AIME PAS

Admettons qu'après avoir lu ce qui précède et en avoir discuté avec un adulte, tu en viens à la conclusion que tes deux parents ou l'un d'entre eux ne t'aiment pas beaucoup ? Qu'est-ce que ça veut dire... et alors que peux-tu faire ?

Premièrement — et c'est fondamental — ça ne veut pas dire que tu ne vaux rien, ou que *personne* ne pourra jamais t'aimer. Si l'un de tes parents ne t'aime pas, c'est regrettable pour lui parce qu'il perd la chance d'aimer et il est toujours doux d'aimer quelqu'un. S'il ne t'aime pas toi, son *propre* enfant, c'est qu'il a quelque chose qui ne va pas. Ça ne veut pas dire que toi tu as quelque chose de travers. Je répète : s'il ne t'aime pas, tu n'as pas à penser que tu n'es pas aimable ou que tu n'es pas correct ou qu'on ne t'aimera jamais. C'est tout simplement qu'il y a quelque chose chez l'un de tes parents qui l'empêche d'aimer son propre enfant.

C'est bien triste pour un enfant de découvrir qu'un de ses parents ne l'aime pas. Il sent qu'il lui manque quelque chose et il aimerait bien avoir la chance comme les autres enfants d'avoir deux parents affectueux. Mais ça ne change rien de broyer du noir à longueur de journée et d'être malheureux. Ça ne fait qu'entretenir la tristesse. Ce n'est qu'en faisant quelque chose que le chagrin s'en ira.

Premièrement c'est bien difficile d'amener un parent qui ne t'aime pas à t'aimer. En effet, peut-être que plusieurs de tes gestes déplaisent à l'un de tes parents. Alors, si en en discutant tu parviens à découvrir ce qu'il n'aime pas et si tu peux t'empêcher de les répéter peut-être alors qu'il t'aimera plus.

Si cela ne réussit pas, il vaut mieux arrêter de rechercher l'amour de ce parent. Il y a des enfants qui essayent pendant des années d'obtenir l'amour de leur parent qui ne veut pas ou ne peut pas en donner. Alors ils deviennent de plus en plus tristes et enragés. Dans un tel cas, il vaut mieux accepter ce qui t'arrive et commencer à chercher un peu d'affection et d'amitié auprès des autres. En résumé donc, deux choses : 1) Si un parent ne t'aime pas, ne pense pas que c'est parce que tu n'en vaux pas la peine ou que personne d'autre ne t'aimera 2) si un parent ne t'aime pas, ne perds pas ton temps à essayer de le changer. Cherche l'amour ailleurs.

On dit « qu'il est inutile de presser un caillou pour en tirer de l'eau ». Je veux dire par là que si quelqu'un ne veut pas ou ne peut pas te donner quelque chose, il vaut mieux tout oublier. Alors arrête d'essayer puisque autrement tu essaierais justement de tirer de l'eau d'un caillou. Si tu veux de l'eau, va là où il y a de l'eau, ne cherche pas là où il n'y a que des cailloux. Si tu recherches l'amour, tourne-toi vers la personne qui t'en donnera et non vers celle qui ne t'en donnera pas.

Vas là où il y a de l'eau

Ne cherche pas
dans les cailloux

4.

À QUOI SERT LA COLÈRE ?

L'UTILITÉ DE LA COLÈRE   Il y a plusieurs sortes de sentiment et chacun se manifeste de façon différente.

On éprouve de la *joie* quand tout va bien.

On éprouve de *la tristesse* quand ça va mal

On éprouve de *la peur* quand quelque chose nous effraie

La colère est le sentiment qu'on éprouve quand on est privé ou qu'on pense être privé de ce qu'on aimerait avoir.

Ce garçon est en colère parce qu'il veut du chocolat et que sa mère lui refuse parce que c'est presque l'heure du repas.

À quoi sert la colère ? Elle t'aide à essayer d'obtenir ce que tu veux même si tu penses que tu ne peux l'avoir. Tantôt ça réussit et tu obtiens ce que tu veux, tantôt ça ne donne rien et tu n'as toujours pas ce que tu voulais.

L'ami de ce garçon lui a pris son bateau et ça l'a mis en colère. Alors qu'il était encore fâché, il a vite repris son bateau et a dit à son ami de ne plus recommencer.

C'est une réussite et l'autre garçon l'a laissé tranquille. La colère l'a aidé à reprendre son jouet et alors il n'avait plus besoin d'être fâché.

Cette fille jouait avec un garçon plus grand qu'elle. Il a pris son ballon, elle s'est fâchée et a essayé de le reprendre. Elle n'a pas pu parce qu'il était plus grand et plus fort qu'elle, donc la colère ne l'a pas aidée. Elle a continué à se sentir fâchée et triste parce qu'elle n'avait plus son ballon.

Ainsi ta colère peut quelquefois t'aider à obtenir ce que tu veux, même quand cela te paraît impossible. Mais pas toujours. Cependant, il y a une chose certaine : si tu n'emploies pas ta colère, tu as très peu de chance d'obtenir ce que tu penses que tu ne peux avoir.

Cette fillette jouait avec son amie qui lui a pris sa poupée. Malgré qu'elle fut en colère, elle ne l'a pas montré. Elle n'a pas essayé de reprendre sa poupée alors l'amie l'a gardée et la fillette fut bien triste. Si elle avait montré sa colère, elle aurait peut-être récupéré sa poupée.

La colère vient quand tu ne peux obtenir quelque chose que tu veux. Tu peux t'en servir pour t'aider à l'obtenir. Quelquefois elle te rend service, quelquefois pas du tout. Quand elle te rend service, tu n'es plus en colère. C'est le meilleur moyen de se débarasser de la colère. Quand ça ne réussit pas, tu demeures

fâché pour un certain temps. Il vaut mieux que tu montres ta colère et que tu la mettes à ton service parce qu'elle te permettra peut-être d'obtenir ce que tu désires et que tu ne pensais pas obtenir.

Mais alors que faire si tu as laissé sortir ta colère et tenté d'obtenir ce que tu voulais et que tu n'as pas réussi?

COMMENT NE PAS ÊTRE DÉÇU: PLACE AUX SUBSTITUTS Il y a une possibilité, c'est d'arrêter de t'entêter à vouloir obtenir ce que tu n'auras pas et de viser autre chose à la place, quelque chose qui fera à peu près aussi bien l'affaire. Cette nouvelle chose s'appelle un substitut.

Ce garçon veut du gâteau. Sa mère dit qu'il n'y en a pas dans la maison. Alors il est très fâché parce qu'il ne peut avoir le gâteau qu'il veut et il va rester en colère tant et aussi longtemps qu'il s'entêtera pour ce gâteau. Finalement il décide qu'un bonbon ferait tout aussi bien l'affaire et c'est presqu'aussi agréable. Quand il obtient le bonbon qui est un *substitut,* il n'est plus en colère.

La majorité des enfants de parents divorcés sont en colère parce qu'ils veulent que leurs parents se remarient et ils ne le font pas. Les parents disent qu'ils se sont divorcés parce qu'ils ne

s'aimaient plus et qu'ils étaient malheureux ensemble et par conséquent qu'ils ne se remarieront pas. Leurs enfants demeureront fâchés tant et aussi longtemps qu'ils chercheront à les faire reprendre la vie commune. Ils demeureront en colère aussi longtemps qu'ils espèreront que leurs parents changeront d'avis. Ils ne cesseront d'espérer et tant qu'ils espéreront, ils éprouveront **64** de la colère.

Cette petite fille faisait souvent des colères parce que son père venait rarement la voir. Quand elle s'est rendu compte que ses colères ne faisaient pas venir son père plus souvent, elle a cessé d'en faire. Alors elle a commencé à jouer avec ses amies plus souvent et cela l'a aidée à moins s'ennuyer de son père. Les autres enfants furent un substitut à la présence de son père.

Elle s'est sentie mieux et moins fâchée.

CHANGER D'AVIS SUR CE QUE TU VEUX Parfois quand un enfant est en colère parce qu'il ne peut avoir ce qu'il veut, il en parle à ses parents et apprend que ce n'est pas correct, juste ou convenable de demander cette chose-là. S'il cesse de la vouloir, il ne sera plus en colère. Alors si toi tu changes d'avis sur ce que tu veux, tu ne seras plus en colère. Par conséquent, il est très important de confier ton sentiment de colère à tes parents car ainsi tu verras si tu *avais raison* de vouloir ce que tu voulais.

Cette fille était en colère parce que sa mère sortait un ou deux soirs par semaine. Après en avoir parlé ensemble, la fille se rendit compte petit à petit que sa mère aussi avait le droit de s'amuser. Elle s'est sentie beaucoup moins fâchée.

Elle était en colère...

...jusqu'à ce qu'elle comprenne

CHANGER D'AVIS SUR CELUI CONTRE QUI TU ES EN COLÈRE Parfois une mère divorcée répètera à son enfant que son père le déteste et qu'elle est la seule à l'aimer, la seule à qui il puisse faire confiance. Elle peut même l'amener à croire que son père est son ennemi et qu'il sera méchant s'il en a la chance. Alors quand l'enfant se retrouve tout seul avec son père et que son père lui fait quelque chose qui ne lui plait pas, il pense que son père le déteste réellement et que tout ce que sa mère a dit est vrai. Il se met alors à avoir peur d'être seul avec son père et se fâche parce qu'il a peur que son père lui fasse mal.

Parfois c'est le père divorcé qui dira à l'enfant que sa mère le déteste ; ainsi chaque fois qu'elle fera quelque chose qu'il n'aime pas il pensera : « Ah, mon père avait raison ».

Ces enfants doivent bien se rappeler que les parents divorcés disent souvent des choses fausses sur le compte de l'autre. Chacun a tendance à penser que l'autre le déteste et déteste les enfants. Si ta mère ou ton père te disent que l'autre te déteste, la meilleure chose à faire c'est de ne pas les croire. Tu peux prendre pour acquis que cela n'est pas vrai. C'est extrêmement rare qu'un parent haïsse vraiment son propre enfant. Évidemment un bon parent punit l'enfant à l'occasion ou se montre sévère envers lui... Cela signifie tout simplement qu'il s'intéresse à lui et qu'il l'aime. Ça ne veut pas dire qu'il le déteste.

Donc si un enfant en veut à son parent parce qu'il pense que celui-ci le hait, il lui en voudrait moins s'il se rendait compte que c'est presque toujours faux.

TU N'ES PAS MÉCHANT SI TU TE METS EN COLÈRE

Certains parents n'acceptent pas que leur enfant éprouve de la colère. Même s'ils sont divorcés, ils ne pensent pas qu'ils puissent permettre à un enfant de leur en vouloir. Ça c'est faux. Mais les parents ne sont pas parfaits et ils ont souvent des idées sottes. Ils iront jusqu'à dire : « Quel enfant terrible tu es de dire des bêtises à ta mère. Tu ne devrais même pas *penser* à des choses pareilles ». Ou bien les parents peuvent ignorer ce que je t'ai dit à propos de sentiments mixtes et ils diront à leur enfant qu'il est méchant parce qu'il n'aime pas ses parents *tout* le temps. C'est comme ça que l'enfant se sentira tout mal parce qu'il aura éprouvé de la colère ne serait-ce qu'une fois ou deux. Cet enfant ignore peut-être que tous les enfants se fâchent contre leurs parents à l'occasion, surtout dans le cas d'un divorce.

Certains enfants se sentent tellement mal de se mettre en colère qu'ils ont peur d'en parler même si ça leur arrive assez rarement. D'autres en ont tellement peur qu'ils ne se permettront pas d'y penser ! Ils en sont venus à croire qu'il n'y a que les enfants les plus méchants qui en veulent à leurs parents. Ils ne savent pas

que la plupart des enfants se mettent souvent en colère contre leurs parents et que ceux qui ne le font pas sont ceux qui ont *appris* que la colère est une chose abominable, ce qu'elle n'est pas.

En gardant leur colère en dedans, ils n'obtiennent pas du tout ce qu'ils pourraient obtenir s'ils la laissaient s'exprimer.

Cette petite fille n'a jamais dit à son père combien elle était fâché qu'il soit en retard pour sa sortie du dimanche. Elle pense que c'est inacceptable de se mettre en colère contre son père. Ainsi il continue à arriver en retard et elle se sent de plus en plus fâchée. Et en plus de se sentir mal parce qu'elle est en colère, elle ne dit rien et son père continue à arriver en retard et elle dispose de moins en moins de temps avec lui.

Cette *fille-ci* a dit à son père combien elle était fâchée de ses retards. Il lui a répondu que les enfants ne devraient jamais se fâcher contre les parents. Elle lui a répondu «Non, c'est pas correct, tant que tu arriveras en retard, je serai fâchée». Son père a réfléchi à ce qu'elle avait dit, lui a finalement donné raison et a commencé à arriver à l'heure. Maintenant elle n'est plus en colère.

70 Maintenant il arrive à l'heure, elle n'est plus fâchée

Cette fille a dit à son père qu'elle était très fâchée qu'il arrive en retard. Elle lui a dit qu'elle continuerait à être en colère tant qu'il serait en retard. Il lui a répondu qu'elle avait tort de se fâcher contre lui car quoi qu'un père fasse, un enfant ne devait jamais être fâché contre son père. Il a continué à arriver en retard, cependant elle s'est lentement rendu compte que même s'il avait beaucoup de bonnes idées, il avait des idées fausses au sujet de la

En attendant, cette fille fait
autre chose

71

colère. Éventuellement elle n'a plus essayé de le changer car ça ne valait pas la peine. Elle a aussi compris qu'il ne l'aimait pas assez pour vouloir passer de longs moments avec elle. Maintenant elle fait autre chose en attendant. Elle ne compte plus autant sur lui qu'avant et ainsi elle est moins en colère.

TA COLÈRE NE PEUT VRAIMENT FAIRE MAL À PERSONNE Quand ils sont très jeunes, tous les enfants croient que tout ce qu'ils *souhaitent* ou *pensent* peut se réaliser. En grandissant ils apprennent qu'il n'en est rien et que penser ou souhaiter une chose ne la fait pas nécessairement se réaliser. Mais certains enfants plus âgés n'ont pas appris cela. Ils sont convaincus encore qu'il suffit de *penser* à une chose pour qu'elle se *réalise*. Certains enfants croient que ce qu'ils désirent dans un sentiment de colère se réalisera.

Cette fille était si fâchée que son père ait divorcé qu'il lui arrivait de penser qu'il serait malade ou aurait un accident. Tout à coup elle a eu peur de ses pensées imaginant qu'elles se réaliseraient. Non seulement a-t-elle alors eu peur d'exprimer de la colère mais elle n'osait même plus y penser. Elle ne sait pas qu'en pensant fort, fort à quelque chose, ça ne peut pas faire arriver cette chose.

De temps en temps un enfant très fâché contre son parent, souhaite qu'il tombe malade ou qu'il meure. Puis il arrive vraiment quelque chose à son parent ; ça ne veut pas du tout dire que ce sont ses pensées qui l'ont rendu malade ou qui l'ont fait mourir. La personne est morte de maladie ou d'un accident et non pas du désir ou de la pensée de l'enfant. La personne serait tombée malade ou serait morte de toute façon, ça n'a rien à voir avec les pensées de l'enfant. En fait une personne aura beau souhaiter la mort ou la maladie de quelqu'un, ce seul souhait ne suffit pas pour la causer.

C'est pourquoi certains enfants ont très peur de penser ou de dire qu'ils sont en colère. Lorsqu'enfin ils apprennent que les

choses n'arrivent pas parce qu'on y pense ou qu'on les souhaite, alors ils peuvent la laisser s'exprimer et s'en servir pour obtenir ce qu'ils veulent.

TOUTES LES MAUVAISES PENSÉES NE SONT PAS BONNES À DIRE La colère a deux parties : le côté *pensée* et le côté *sentiment*. C'est essentiel de comprendre la différence entre les deux.

Quand tu es fâché contre quelqu'un il se peut que tu lui souhaites du mal : qu'il soit blessé ou qu'il se fasse tuer ou bien il se peut aussi que des vilains mots te viennent à l'esprit. Les sentiments que tu ressens à ce moment sont des sentiments de colère et ils accompagnent tes pensées. Habituellement il vaut mieux montrer que tu es fâché *en ne disant pas* tout ce que tu penses dans ta tête car autrement tu risquerais de blesser quelqu'un et de t'attirer des ennuis. Il est souvent mieux d'avoir recours à des mots plus polis que ceux qui te viennent immédiatement à l'esprit. L'important c'est le sentiment de colère qu'il faut laisser s'exprimer pour qu'il puisse t'aider à obtenir ce que tu veux.

Cette fille était très fâchée des retards de son père le dimanche. Parfois elle était si fâchée qu'elle souhaitait qu'il se fasse heurter par une voiture. Il y avait aussi plein de vilains mots dans sa tête. Ses vilaines pensées accompagnaient ses sentiments de colère.

Un jour, elle raconta à son père combien ses retards la mettaient en colère. Elle se sentait très en colère en lui disant cela. Elle exprimait ainsi ses sentiments de colère. Mais elle ne lui a pas dit qu'elle avait souhaité qu'il se fasse heurter par une voiture et elle ne lui a pas dit tous les vilains mots auxquels elle avait pensé. Elle savait bien qu'il serait peiné si elle les lui disait. D'ailleurs son père lui avait dit que ces vilains mots, elle pouvait peut-être s'en servir avec ses amis mais surtout pas avec ses parents et ses professeurs. Son père alors s'assura d'être à l'heure et la fille ne fut plus en colère et ne pensa plus à sa colère.

CE QU'IL FAUT RETENIR DE LA COLÈRE Avant de terminer ce chapitre, je vais répéter quelques points pour m'assurer que ce que j'ai dit est bien fixé dans ta tête.

1. La colère est le sentiment qu'on a lorsqu'on voudrait ce qu'on pense qu'on ne peut avoir. C'est pourquoi les enfants de parents divorcés sont souvent en colère parce qu'ils voudraient que leurs parents reviennent ensemble et qu'ils ne peuvent obtenir ça.

2. La colère peut te faire obtenir ce qu'en partant tu pensais ne pas pouvoir avoir. La colère s'en va quand tu obtiens ce que tu veux.

3. Si ce n'est pas possible d'avoir ce que tu veux, la colère peut quand même s'en aller si tu obtiens quelque chose d'autre à la place. Cette autre chose est un *substitut*.

4. Chacun se met en colère à l'occasion et tu n'es pas mauvais simplement parce que tu as des pensées et des sentiments de colère même à l'égard de tes parents.

5. Il n'arrivera rien de mal à quelqu'un à cause des choses méchantes que tu lui souhaites.

6. La colère a deux parties, la partie sentiment et la partie pensée. Habituellement il est utile de laisser se manifester les sentiments dc colère. Souvent il est préférable de ne pas dire exactement tout ce qu'on pense mais plutôt de s'exprimer d'une façon plus polie, ce qui souvent t'aidera à obtenir ce que tu veux.

5.

LA PEUR D'ÊTRE LAISSÉ TOUT SEUL

L'HOMME QUI N'AVAIT QU'UN OEIL : LE BORGNE La plupart des gens qui ont deux yeux ne passent pas leur temps à craindre qu'il arrive quelque chose à leurs yeux. Si un homme qui a ses deux yeux perd un oeil par accident ou maladie, il lui en reste toujours un pour faire à peu près tout ce qu'il veut.

Cependant, celui qui est borgne, il s'inquiète de son oeil, il en prend soin et prend garde à ce que rien ne lui arrive. Parce que si ce seul oeil était blessé, il deviendrait totalement aveugle.

Les enfants qui n'ont qu'un parent se sentent comme des borgnes. Quand ils étaient avec leurs deux parents, jamais ils ne s'inquiétaient de se retrouver avec un seul parent. Mais quand ils se retrouvent avec un seul parent, ils ont peur. Ils craignent que s'il arrive quelque chose à ce parent ils se retrouvent tout seul et qu'ainsi ce sera la catastrophe.

Ils peuvent avoir peur de ne plus avoir de maison et de manquer de vêtement ou ne nourriture ou de n'avoir plus personne pour prendre soin d'eux. Ces enfants peuvent même avoir peur de mourir.

Les enfants de parents divorcés n'ont pas raison d'avoir de telles inquiétudes car ils ont encore des tas de solutions à leurs problèmes.

TU AS ENCORE DEUX PARENTS Premièrement, les enfants de parents divorcés ont encore deux parents. Malgré que
les parents vivent chacun de leur côté, ils sont généralement tous
les deux bien vivants et ils sont bien capables de prendre soin de
leurs enfants. En général, s'il arrive quelque chose à l'un des
parents, l'enfant peut toujours aller habiter chez l'autre.

Les parents de cette fille ont divorcé et elle habitait avec sa
mère. À la mort de sa mère elle a été bien triste. Maintenant elle
habite avec son père. Une gentille dame qui habite aussi la
maison de son père s'occupe d'elle quand le père va travailler

pour pourvoir à ses besoins. La dame s'occupe de la maison, elle est sa gardienne. Évidemment elle aimerait mieux que sa mère soit toujours vivante mais elle est moins triste qu'elle pensait qu'elle serait.

Toutefois, il arrive qu'un enfant ne puisse vivre avec aucun de ses parents. Cela se produit rarement mais il y a toujours des solutions à ces cas.

LES PARENTE ET LES AMIS La plupart des enfants ont une parenté chez qui ils pourraient habiter. Habituellement une tante, un oncle, un cousin, les grands-parents ou même un ami des parents s'offrent pour prendre soin d'eux. Ce n'est pas aussi

agréable que d'habiter avec ses propres parents mais c'est une des façons pour l'enfant d'être sûr qu'on s'occupe de lui. Si tu as une grande parenté ou si tes parents ont de bons amis, il y a de bonnes chances que tu ailles habiter avec eux s'il arrive quelque chose à tes parents.

Certains enfants s'inquiètent beaucoup de l'endroit où ils iraient si quelque chose arrivait à leurs deux parents, mais ils se sentent soulagés après en avoir parlé avec leurs parents et après avoir appris qu'ils y avaient aussi pensé. C'est une bonne idée de demander à tes parents ce qu'ils ont prévu pour toi s'il leur arrivait quelque chose à tous les deux. S'ils n'y ont pas encore pensé, ce serait une bonne idée que tu leur demandes d'y penser. C'est important pour toi de savoir chez qui tu irais habiter s'il arrivait quelque chose à l'un de tes parents ou aux deux.

Qu'arriverait-il à celui qui ne peut vivre chez ses parents, dans sa parenté ou chez des amis ? Il y a toujours d'autres endroits où il peut vivre et où l'on s'occupera de lui.

LES PENSIONNATS ET LES COLLÈGES Un de ce ses endroits, c'est le pensionnat. Les pensionnats sont des endroits où les enfants vivent et vont à l'école. Il y a des bâtiments de l'école et des maisons où les enfants habitent et mangent. Il y a habituellement des terrains de jeux et des gymnases. Il y en a à la ville et à la campagne. Il y a là des adultes qui aiment les enfants. Souvent ils sont mariés et prennent soin des enfants qui y sont comme si ils étaient les leurs. Tout est au même endroit, ce qui permet à l'enfant de beaucoup mieux connaître ses professeurs. Quelquefois les professeurs habitent là eux aussi et les enfants peuvent apprendre à les connaître. Certains enfants qui ne se sont pas bien entendus avec leurs parents, deviennent amis avec les professeurs et les autres personnes du pensionnat. Ils peuvent alors les trouver tellement de leur goût qu'ils vont finalement se mettre à les aimer. Si ça se produit, ils se sentent ainsi très heureux au pensionnat.

Il y a toujours beaucoup de garçons et filles au pensionnant
alors un enfant n'est pas obligé d'être seul s'il ne le veut pas.
Parfois les enfants de parents divorcés habitent à des endroits où
il y a peu d'enfants avec des problèmes semblables aux leurs,
mais au pensionnat ils retrouvent habituellement plusieurs
enfants dont les parents sont divorcés. Par conséquent, ils se
sentent moins différents et moins tristes d'être des enfants de
parents divorcés.

Au pensionnat, il y a des jours de visite où ses parents et amis viennent rencontrer l'enfant et à d'autres moments l'enfant peut avoir la permission de quitter le pensionnat pour partir en visite. Mais malgré qu'il soit bien au pensionnat ce n'est quand même peut-être pas aussi agréable que de vivre chez lui avec deux parents heureux et affectueux. Toutefois, si tes parents sont divorcés, le pensionnat peut être ton meilleur choix.

La plupart des enfants sont un peu tristes la première fois qu'ils se rendent au pensionnat. Ils croient qu'ils y sont envoyés parce qu'ils n'ont pas été sages ou parce que leurs parents ne les aiment pas et qu'ils veulent s'en débarrasser. Ce n'est habituellement pas le cas. La majorité des enfants y vont parce que c'est ce que leurs parents peuvent faire de mieux pour eux. S'ils restaient à la maison, ils ne recevraient pas toute l'attention et tous les soins qu'ils méritent et dont ils ont besoin.

C'est triste à dire mais certains parents envoient leurs enfants au pensionnat parce qu'ils ne les aiment pas beaucoup et qu'ils veulent s'en débarrasser. Heureusement ça ne se présente pas souvent. Ces enfants sont évidemment assez malheureux. Ils peuvent même penser qu'ils ne valent pas grand chose et que personne ne les aimera jamais. Plusieurs de ces enfants peuvent se trouver des amis au pensionnat et cela les aide beaucoup à se sentir mieux. Ces enfants doivent donc retenir qu'ils ne sont pas méchants, qu'ils pourront trouver quelqu'un qui les aimera même si leurs parents eux ne les aiment pas beaucoup.

Bien des enfants au début ont peur d'aller au pensionnat mais les nouvelles choses font souvent peur, même aux grandes personnes. Cependant, ils finissent par bien connaître l'endroit et s'y sentir bien après un certain temps. Alors ils n'ont plus peur du tout.

LES FOYERS D'ACCUEIL Maintenant je vais te parler des foyers d'accueil. Quand un enfant ne peut habiter ni avec l'un ni avec l'autre de ses parents, il va quelquefois vivre dans un foyer 83 d'accueil où l'on prendra soin de lui pendant qu'il continuera à grandir. Dans ces foyers, il y a en général une mère et un père qui peuvent avoir des enfants à eux. Il se peut aussi qu'un ou plusieurs autres enfants habitent là également. On dit de ces enfants qu'ils sont en accueil. Habituellement les parents d'accueil sont capables de beaucoup d'amour et leurs enfants-en-accueil sont heureux avec eux. Parfois les enfants de parents divorcés sont plus heureux dans une famille d'accueil qu'ils ne le seraient avec l'un ou l'autre de leurs parents.

Cependant, à l'occasion, les foyers d'accueil ne sont pas très agréables. La mère nourricière aimera ses enfants beaucoup plus que les enfants-en-accueil. Elle s'occupera peut-être des enfants-en-accueil parce que ça la paye. Si l'enfant-en-accueil en parle à ceux qui l'ont placé dans cette famille, il pourra se faire transférer dans une autre famille. Si ça ne marche pas, alors l'enfant n'a pas d'autre choix que de rester là où il est jusqu'à ce qu'il grandisse.

Une fois de plus, il est important de se rappeler qu'il y a toujours quelque chose qu'un tel enfant peut faire pour s'aider. Il peut se faire ami avec des enfants et des adultes à l'extérieur du foyer d'accueil. Il peut attendre avec plaisir le jour où il sera plus vieux, plus grand et plus fort. Alors il pourra faire ces choses dont il a envie et qu'il ne peut réaliser maintenant, il pourra alors se trouver des amis qui l'aimeront et qu'il aimera. Si par ailleurs, il passe tout son temps à se dire que le monde n'est pas fait pour lui quoi qu'il fasse, il ne découvrira pas tout ce que la vie offre à celui qui s'en donne la peine.

Comme tu peux le constater, un enfant ne se retrouve pas sans logis, sans vêtement et sans nourriture et sans personne pour s'occuper de lui. Chaque enfant reçoit de l'attention d'une façon ou d'une autre. Ce n'est jamais exactement tel qu'il l'aurait souhaité mais ce n'est jamais aussi pénible qu'il le croyait.

6.

COMMENT T'ENTENDRE MIEUX AVEC TA MÈRE DIVORCÉE

LES ENFANTS QUI HABITENT avec leur mère divorcée et dont le père habite ailleurs ont des problèmes que les autres enfants n'ont pas. Dans ce chapitre je te parlerai de ces difficultés et des moyens à prendre pour les surmonter.

TU SOUHAITES QUE TA MÈRE SE REMARIE Plusieurs enfants de parents divorcés souhaitent le remariage de leur mère. La plupart souhaitent que ce soit avec leur père sinon avec un autre homme. Ces enfants demandent sans cesse à leur mère quand elle se remariera. Ceci en général trouble la mère et souvent la rend mal à l'aise devant son divorce. Ce serait une grave erreur pour une telle mère d'épouser un homme qu'elle n'aime pas seulement pour faire plaisir à son enfant. Si elle se marie pour cette raison là, ordinairement l'enfant n'en est pas plus heureux, il devient plus triste parce que sa mère n'est pas heureuse. Elle se fâche facilement, devient plus capricieuse et la chicane s'installe dans la maison car elle s'est mariée à un homme qu'elle n'aime pas. Souviens-toi, il vaut mieux vivre seul sans père que de vivre avec un père que ta mère n'aime pas.

TU JOUES TROP À L'ADULTE AVEC TA MÈRE Tous les enfants de parents divorcés ont à faire des tâches de grandes personnes que les autres enfants n'ont pas à faire. Il est nécessaire pour eux d'aider leur mère à faire le marché, garder les enfants, nettoyer ou tout simplement aider dans la maison. Ceci est excellent en fin de compte car il est toujours bon pour un enfant de faire certaines tâches de grande personne. Cependant certaines mères qui se sentent bien seules, encouragent leur fils à prendre la place de leur mari ou leur fille, celle d'une grande personne amie.

Une telle mère demandera peut-être que son fils aille avec elle pour rendre visite à ses amis ou à sa famille et qu'il se conduise plus en mari qu'en fils. Elle peut lui demander son avis sur des sujets sur lesquels elle aurait consulté son mari et elle peut même se confier à lui d'une façon qui n'est pas habituelle pour une mère. Elle peut vouloir qu'il se conduise en grande personne, qu'il aille beaucoup au cinéma ou ailleurs avec elle. Une telle mère voudrait donner la main à son fils ou l'embrasser. Elle peut même vouloir qu'il couche dans le même lit qu'elle.

C'est naturel et normal pour un jeune enfant de passer du temps dans le lit de sa mère surtout juste avant de s'endormir. La plupart des petits enfants prennent plaisir à grimper dans le lit de leur mère le matin, surtout pour se faire dorloter. Cependant il y a des mères qui demandent à leurs enfants de passer des heures à faire ça et d'autres qui voudraient même que leur fils couche toute la nuit avec elles. Quand les choses se passent ainsi, les garçons ont des ennuis quand ils grandissent et rencontrent des filles qu'ils peuvent fréquenter ou épouser. C'est une mauvaise idée de faire tout ça avec sa mère ; l'enfant devrait plutôt essayer de ne pas faire ça même si sa mère le lui demande. Il devrait en parler avec elle et dire qu'il n'aime pas ces choses et il devrait lui dire qu'elle devrait trouver un homme adulte à la place.

Il y a aussi des garçons qui tentent de se conduire comme leur père divorcé. Ils veulent juste faire avec leur mère toutes ces choses de grandes personnes dont je viens de te parler. Ça peut être bon de temps en temps de se conduire en grande personne mais c'est moins bon de le faire trop souvent. Un enfant peut alors avoir des difficultés avec ses amis qui l'aimeraient moins parce qu'il essaierait d'agir trop souvent comme une grande personne. Même en vieillissant, il continuera peut-être à avoir des ennuis avec les filles et les garçons de son âge.

Certaines mères, parce qu'elles se sentent seules, essaient de changer leur fille en amie adulte. Elles leur demandent des conseils, les invitent à venir visiter des amis ou des membres de la famille ainsi qu'elles le feraient si l'enfant était une grande personne. Une telle mère demandera à sa fille de toujours l'appeler par son prénom ou d'être pratiquement en charge des plus jeunes enfants de la famille. Quand cela se produit ce n'est pas une bonne idée que la fille accepte tout cela. Elle devrait alors suggérer à sa mère de se trouver une amie de son âge.

TU FAIS LE BÉBÉ AVEC TA MÈRE Il y a des mères qui veulent garder leurs enfants bébés au lieu de les aider à grandir et à agir en grande personne. Elle se demandent toujours si leurs enfants ont eu assez à manger, s'ils sont chaudement vêtus et elles leurs laissent à peine faire des petits travaux de maison alors que les autres enfants de leur âge en font. Elle garderont quelque-fois leurs enfants à la maison plutôt que de leur permettre d'aller jouer dehors. Ça c'est mauvais et ces enfants devraient tout faire pour empêcher leur mère de les traiter en bébé.

Certains enfants, parce qu'attristés du divorce, tentent d'attirer l'attention en se conduisant en petit enfant. Certaines mères réagissent justement en les traitant comme des bébés. Une bonne mère n'est pas celle qui traite son enfant en bébé même si c'est ça qu'il veut, parce qu'elle sait fort bien qu'il vaut toujours mieux l'aider à grandir. Elle sait que les autres enfants ne voudront pas jouer avec lui s'il fait le bébé, et que plus tard ça pourra lui causer des ennuis et beaucoup de tristesse et de solitude.

Alors souviens-toi ce qu'il y a de mieux à faire pour toi, *c'est d'agir selon ton âge.* Ne cherches pas à faire le bébé même si des fois ça peut t'être agréable et n'essaies pas de jouer à la grande personne.

LE PÈRE «SYMPA» ET LA «MÉCHANTE» MAMAN

Quand un père habite avec sa famille, lui et la mère, font

plein de choses agréables avec les enfants, tel qu'aller en pique-nique, à la piscine, à la plage, au cinéma, etc... Ils partagent aussi toutes les besognes moins amusantes, tel que ramasser le linge, préparer les repas, aider au bain ou au coucher, ...De plus, tous les deux voient à te punir si tu fais quelque chose de pas correct et ils te félicitent quand tu fais ce qu'il faut.

Quand les parents se divorcent, il semble que pendant la semaine, la mère est prise à faire toutes les besognes moins amusantes et que le samedi et le dimanche le père, lui, a toutes les choses amusantes pour lui. C'est parce que ton père ne te voit pas souvent qu'il essaie de faire avec toi tout ce qu'il y a de plus amusant. Cependant, ta mère se doit de voir à ce que *tout*

fonctionne bien, que tu manges à l'heure, que tu ailles à l'école, que tu dormes assez. C'est à cause de tout ça qu'un enfant trouvera que son père est «sympa» et que sa maman est une «bien méchante femme».

Un tel enfant ne voit pas les choses telles qu'elles le sont vraiment. Il voit sa mère pire qu'elle est. Si elle était avec lui le samedi et le dimanche, elle essaierait elle aussi de faire des choses amusantes. De plus, un tel enfant voit son père comme bien plus formidable qu'il ne l'est vraiment. S'il était vraiment un bon père, il ferait également avec son enfant des choses moins amusantes. Dans le prochain chapitre je discute de ces choses et j'indique bien que les pères, en passant beacoup de temps à faire des cadeaux et à s'amuser, privent leurs enfants de bien d'autres choses également épatantes.

QUAND TA MÈRE PARLE DE TON PÈRE   Il y a des mères qui disent toujours ce qu'il faut *sauf* quand elles parlent de leur mari divorcé. Alors elles se fâchent et se désolent et alors ce qu'elles disent n'est plus tout à fait juste. Si ta mère fait ça, elle dira peut-être sur le compte de ton père des choses méchantes qui ne seront pas vraies ou bien elle dira qu'il te déteste alors que ce n'est pas le cas. À ce moment-là, il vaut mieux ne pas prendre au sérieux tout ce qu'elle te dit. Dans ce temps-là, il faudra que tu te demandes à toi-même si ton père est vraiment tel qu'elle le décrit. L'as-tu vu toi, faire toutes ces méchancetés qu'elle dit qu'il a faites ? As-tu entendu ton père dire toutes ces vilaines choses tel qu'elle le dit ? Il est important que tu te fasses ta propre opinion sur ton père. Quand elle sera plus calme, elle dira des choses que tu pourras croire. Il y a des parents non divorcés qui ont de tels moments et c'est très important pour un enfant de savoir quand son parent est dans ce genre d'humeur.

SI TA MÈRE TRAVAILLE   Parfois une mère doit travailler pour procurer à ses enfants un bon logement, de la bonne nourriture et des vêtements convenables. Si la mère qui travaille est aussi divorcée, ses enfants sont encore plus malheureux et tristes parce qu'ils ne voient pas leur père et guère plus leur mère. Si ta mère travaille pour ces raisons, ça n'aidera pas du tout de lui dire d'arrêter de travailler. Il est probable qu'elle préfèrerait ne pas travailler mais qu'elle doive le faire afin qu'elle puisse t'acheter tout ce dont tu as besoin.

Certains enfants pensent que si leur mère les aimait vraiment elle ne voudrait pas travailler. Ce n'est habituellement pas le cas. Elle travaille parce qu'elle a besoin d'argent pour toi et elle travaille parce qu'elle t'aime. Si elle ne t'aimait pas elle ne travaillerait pas pour pouvoir acheter les choses dont tu as besoin.

D'autres mères ont assez d'argent pour acheter ce dont elles ont besoin pour les enfants et pour elles, mais elles travaillent tout de même parce qu'elles aiment leur travail ou parce que c'est intéressant. Ça les rend plus heureuses au moins quand elles travaillent. Si elles ne travaillaient pas, elles seraient peut-être moins heureuses. Mais leurs enfants quelquefois pensent que leurs mères ne les aiment pas. C'est rarement le cas. Si une mère cherche à employer son temps comme elle l'entend, ça ne veut pas du tout dire qu'elle n'aime pas ses enfants. Les enfants ont droit à leurs plaisirs et à leurs activités préférées et les mères aussi. En fait, si le travail rend ces mères plus heureuses, elles en deviennent souvent plus affectueuses avec leurs enfants.

Les enfants dont la mère travaille découvrent souvent qu'en organisant leurs loisirs avec leurs amis après la classe, ils ne seront pas aussi tristes et seuls pendant qu'elle travaille.

LES SORTIES DE TA MÈRE Maintenant je vais te parler des sorties de ta mère. Par sorties, je veux dire les sorties qu'elle fait avec un homme. Les grandes personnes font beaucoup de choses quand elles sortent ensemble. Parfois elles vont au cinéma, soupent dans un restaurant ou bien elles vont danser ou visiter des amis.

La plupart des enfants ne participent pas à ces sorties avec leur mère même s'ils en ont envie. Les sorties, les rendez-vous de ta mère sont privés. Tu n'as pas le droit de tout savoir au sujet de ses sorties — avec qui elle sort, où elle va, et qu'est-ce qu'elle fait — Ainsi que tu as des pensées, des sentiments et des choses que tu fais qui demeurent secrets, ta mère aussi a droit à son intimité, à ses secrets. C'est tout à fait normal pour un enfant de vouloir tout savoir, d'être curieux, mais c'est aussi normal pour une mère de ne pas tout raconter à ses enfants au sujet de ses sorties.

Les mères sortent pour bien des raisons. Depuis que ta mère est divorcée, elle est probablement triste et seule. En sortant, elle devient moins seule, elle peut s'amuser et ainsi se sentir moins triste. Puisque tu as ton temps pour t'amuser, ta mère a le sien pendant ses sorties. Et de la même façon que tu t'amuses beaucoup sans elle, sans pour autant cesser de l'aimer, elle aussi aime faire des choses sans toi. Elle ne t'aime pas moins pour cela. Souvent elle espère qu'en sortant, elle rencontrera quelqu'un qu'elle aimera et qu'elle épousera. De plus, elle espère que l'homme qu'elle trouvera aimera aussi ses enfants.

La plupart des enfants pensent qu'un homme et une femme décident de se marier rapidement après leur première rencontre. Certains enfants croient que ça se décide en quelques minutes même, mais ce n'est pas vrai. Les gens prennent habituellement des mois ou quelquefois des années avant de décider s'ils se

marieront ou pas. Puisque c'est une décision importante, ils veulent s'assurer qu'ils se connaissent bien et qu'ils s'aiment assez pour vouloir passer le reste de leurs jours ensemble. Ceci est encore plus vrai pour ceux qui se sont divorcés. Ils ont été peinés et déçus d'un premier mariage où l'amour n'a pas duré, alors ils font très attention avant de se remarier parce qu'ils veulent s'assurer que le deuxième mariage ira mieux.

Cependant, les enfants ne voudront pas qu'ils attendent si longtemps. Un enfant demandera souvent à sa mère si elle se remarie et quand, et il voudra peut-être qu'elle le fasse avant qu'elle soit sûre qu'elle aime celui avec qui elle sort. Ceci est une très mauvaise idée car si une mère marie un homme qu'elle n'aime pas, seulement parce qu'elle pense aider ses enfants, les choses iront en se gâtant parce qu'elle deviendra mécontente et capricieuse.

Parce que de nombreux enfants désirent un père, ils espèrent que chaque homme qui sort avec leur mère deviendra leur nouveau père. Ils sont alors bien déçus si leur mère ne revoit pas cet homme. Il est important de se rappeler que la plupart des mères rencontrent beaucoup d'hommes avant d'en rencontrer un qu'elles auront envie d'épouser. Et quand elles le rencontrent enfin, elles prennent habituellement bien du temps avant de se décider à l'épouser. Si tu passes ton temps à souhaiter que chaque homme devienne ton nouveau père, tu auras bien des déceptions.

Certains enfants demandent à chaque sortie de leur mère si cet homme sera leur nouveau père. Cette question habituellement rend la mère et son ami inconfortables et ça n'aide pas ta mère à se remarier plus vite. En fait, ça peut même retarder les choses parce qu'un homme n'aime pas être poussé à se marier. Si quelqu'un essaie de le forcer à se marier — que ce soit toi ou ta mère — il s'en ira peut-être.

Souvent ta mère peut aider à régler ce problème en ne te présentant pas tous ceux avec qui elle sort, mais seulement ceux qu'elle aime bien et qu'elle voit souvent. Si ta mère te les présente tous, tu peux lui demander de t'aider en ne le faisant pas et en te présentant ceux qu'elle verra souvent. De cette façon tu seras moins déçu. Cependant tu dois te rappeler que malgré tout il y aura des déceptions. De plus, si tu essaies d'avoir le plus de plaisir dans la vie, tu auras moins besoin de dépendre d'un nouveau père.

Souviens-toi que tous les hommes qui sortent avec ta mère ne reviendront plus *sauf un* : celui qu'elle épousera. Et il y a des mères qui ne se remarient pas. Si tu penses que la vie est gâchée sans père, tu te sentiras plutôt triste et déçu. Cependant si tu cherches à te débrouiller sans père, à découvrir le plaisir de l'amitié et le plaisir d'apprendre et de faire de nouvelles choses, ta vie alors pourra être heureuse.

Certains enfants font tout-à-fait le contraire. Ils ne veulent pas du tout que leur mère se remarie. Ils ont peur de chaque nouvel ami de leur mère et tentent d'empêcher leur mère de sortir avec

lui. Quand ils rencontrent un nouvel homme ils lui disent des choses blessantes et méchantes. Ils craignent que si leur mère se remarie, elle leur donnera moins d'attention et les aimera moins.

Ces enfants se trompent sur l'amour. Ils pensent que leur mère n'a qu'une certaine quantité d'amour. Ils croient que l'amour est comme un morceau de tarte et que si elle en donne la moitié à quelqu'un, il n'en restera plus que la moitié. C'est pas comme ça du tout. Une personne peut aimer plusieurs personnes à la fois. En fait avec l'amour c'est tout le contraire : Plus tu donnes d'amour, plus tu es capable d'en donner. Quand une mère trouve l'homme qu'elle aime, elle en est plus aimable et plus affectueuse avec ses enfants. Beaucoup d'enfants ne se rendent pas compte que plus leur mère est heureuse, plus ils seront heureux avec elle.

Si de tels enfants sont méchants et blessants avec chaque nouvel homme, ils peuvent le faire fuir. Cela peut rendre plus difficile le remariage de leur mère. Si ces enfants savaient ce que je viens de dire — comment ils seraient plus heureux et non plus malheureux si leur mère se remariait — alors ils n'essaieraient peut-être pas de chasser chaque nouvel homme.

Il y a des enfants qui sont jaloux de l'amoureux de leur mère. Tous les deux sortent pour une soirée, une journée, parfois pour quelques jours. Ils se donnent des caresses ou s'embrassent de temps en temps. Ces enfants qui se sentent jaloux devraient se rappeler qu'un jour quand ils auront grandi, eux aussi rencontreront quelqu'un de gentil qu'ils pourront avoir tout à eux et avec qui ils pourront avoir les mêmes plaisirs.

QUELQUES MOMENTS SEUL AVEC TA MÈRE Ta mère a beau être occupée à prendre soin de toi, à travailler et à sortir, il y a une chose très importante pour laquelle elle devrait prendre un peu de temps. À chaque jour, il faut que les enfants passent quelques minutes seuls avec leur mère qui pendant ce temps laissera de côté ce qu'elle faisait. Il est bon qu'elle essaie de le faire avec chacun de ses enfants. Elle peut le faire quand elle n'a pas trop de soucis en tête. Pendant ces quelques instants de solitude, toi et ta mère pourrez parler de ce qui est personnel, tes problèmes, tes espoirs, tes déceptions et tes expériences bonnes et mauvaises. Ou alors vous pourrez jouer ou lire ensemble et discuter de ce que tu as fait à l'école ou de tout ce qui vous intéresse tous les deux.

Si ta mère ne fait pas ça, vois si tu ne peux pas l'amener à le faire parce que c'est pendant ces petites minutes à deux que tu peux vraiment te rapprocher d'elle et ainsi éviter ou solutionner plusieurs de tes problèmes.

Si tu essaies ce que je viens de te dire dans ce chapitre-ci, je suis sûr qu'il y aura moins de problèmes entre toi et ta mère divorcée.

7.

COMMENT MIEUX T'ENTENDRE AVEC TON PÈRE DIVORCÉ

La majorité des enfants de parents divorcés habitent avec leurs mères et visitent leurs pères à des moments précis, les samedis, dimanches ou jours de fêtes. Quelques enfants cependant ne voient jamais ou très peu leur père.

En premier lieu, je parlerai des pères qui visitent puis de ceux qui ne le font pas.

LES PÈRES QUI GÂTENT LEURS ENFANTS La plupart des pères se sentent très mal à cause de leur divorce et regrettent de ne pas habiter avec leurs enfants. À cause de cela, ils essaient de compenser leur absence en donnant à leurs enfants pratiquement tout ce qu'ils demandent et les gâtent de plusieurs façons. Par exemple, il se peut qu'ils leur donnent toujours des cadeaux, qu'il ne les punissent ni ne les contrôlent quand il y aurait lieu de le faire et qu'ils passent tout leur temps avec eux à s'amuser sans arrêt.

Même si ces enfants trouvent que c'est formidable de passer leurs visites en fête, ils ne se rendent pas compte qu'ils sont privés par leur père des choses encore plus importantes. Parlons-en maintenant.

LES PÈRES QUI NE PUNISSENT NI NE CORRIGENT

Quand on ne punit ni ne corrige convenablement un enfant, il n'apprend pas à bien se conduire. Il a alors de la difficulté à s'entendre avec d'autres personnes qui ne le laissent pas agir à sa guise comme le fait son père.

Quand ces deux frères visitaient leur père les samedis et dimanches, ils ne se couchaient pas à l'heure, ne rangeaient pas leurs jouets après avoir joué, ne se lavaient pas les mains et le visage, ne se coiffaient pas et ne ramassaient pas leur linge sale. Quand ils brisaient un objet chez leur père, il ne les grondait ou ne les punissait jamais. À chaque retour de visite, ils avaient du mal à s'entendre avec leur mère qui elle insistait sur une bonne conduite. De plus leurs professeurs n'acceptaient pas leur chahut et leur manque de discipline. Ils étaient si occupés à s'attirer des ennuis, qu'ils n'apprirent pas grand chose à l'école.

LES PÈRES QUI N'ENCOURAGENT PAS LEURS EN-FANTS À SE DÉBROUILLER TOUT SEULS

Les enfants à qui les pères donnent tout ce qu'ils veulent n'ont pas la chance de travailler pour les obtenir par eux-mêmes.

Le père de ce garçon lui a acheté presque tous les jouets qu'il désirait. Il se fatiguait vite de chaque jouet et n'appréciait plus grand chose et ne se sentait pas heureux.

Le père de cet enfant lui offrait des cadeaux surtout lors d'occasions spéciales comme aux vacances et aux anniversaires. Autrement il devait s'acheter des choses lui-même, soit en économisant son argent de poche ou soit en rendant des petits services payés comme de tondre les pelouses. Au lieu de lui acheter des petits bateaux ou des avions très coûteux, il lui offrait des cadeaux moins chers ou des modèles réduits, sur lesquels il pouvait travailler tout seul ou avec l'aide de son père. Le garçon était très content des jouets reçus, y prit beaucoup de plaisir et fut fier des choses qu'il fit lui-même ou qu'il s'offrit à partir de ses propres économies. Conséquemment il se sentait très fier de lui.

Il est plus amusant de faire quelque chose de sa propre initiative que de recevoir quelque chose de tout fait.

TROP DE JEUX, PAS ASSEZ D'INTIMITÉ   C'est bon et sain et normal d'aller de temps à autre au cirque, au cinéma, au zoo ou ailleurs. Cependant, certains pères passent leurs heures de visite à faire 1001 sorties du genre avec leurs enfants. Il manque alors à ceux-ci toutes ces petites activités de tous les jours qui sont agréables à faire et dont l'enfant a besoin pour être heureux en grandissant. Ces activités sont de manger ensemble, laver et astiquer la voiture et partager toutes ces choses du quotidien.

Ce que ces enfants ne font pas assez avec leurs pères, c'est de parler des sujets qui pourraient vraiment les rapprocher. Ils ne parlent jamais de choses personnelles comme leurs inquiétudes, leurs problèmes ou ne discutent pas ouvertement et franchement de ce qu'ils pensent et de ce qu'ils ressentent. Ils ne partagent pas leurs espoirs, leurs déceptions, leurs projets et leurs expériences. Ils ne sont pas à l'écoute des idées de l'autre à propos des lectures,

des films, du sport ou des évènements dans le monde. Non seulement les pères peuvent aider leurs enfants en leur parlant de ce qu'ils ont appris à l'école, mais les enfants d'aujourd'hui apprennent des choses que leurs pères n'ont jamais apprises à l'école et ils ont donc ainsi beaucoup à apprendre à leur père.

Ces moments d'intimité, quand un père parle ainsi à son enfant, sont parmi les moments les plus agréables que vous puissiez passer ensemble. Si tu as des frères ou des soeurs avec lesquels tu dois partager les heures avec ton père, demande lui de mettre un peu de temps de côté pour chacun de vous, seul avec lui. Il suffit de quelques minutes à chaque visite pour vous rapprocher l'un de l'autre. De nombreux enfants ont découvert que s'ils discutent de leurs problèmes avec leur père à ces moments-là, plusieurs trouveront ainsi leur solution.

Rappelle-toi, je ne dis pas que toi et ton père vous ne devez jamais aller vous amuser, je dis que les autres choses sont plus importantes et qu'elles contribuent à ce que tu te sentes plus à l'aise avec toi-même et avec la réalité du divorce de tes parents.

FAIRE SEULEMENT CE QUE L'ENFANT VEUT ET NON CE QUE LE PÈRE VEUT Parce qu'ils veulent que leurs enfants soient heureux, il y a des pères qui essaient de faire surtout ce que leurs enfants veulent. À l'occasion, il y a des choses que les pères n'aiment pas et même détestent. C'est justement à cause de cela que les pères ne s'amusent pas, qu'ils deviennent grognons ou irritables et que la visite finit mal. Ce qui au début devait faire plaisir à l'enfant, finit par le rendre triste. Il est préférable d'essayer de faire quelque chose qui plaît aux deux. Ainsi ce sera plus agréable pour vous deux. Si alors ton père fait avec toi des choses qui l'ennuient et lui déplaisent, tu devrais lui en parler et chercher à deux ce qui pourrait vous plaire. Si tu le fais, tes visites avec ton père n'en seront que plus réussies.

Ce garçon aimait beaucoup les joutes de football. Son père les détestait mais il a pris des places parce qu'il pensait que ça lui ferait plaisir. Rendu au milieu de la partie, le père était de mauvaise humeur, il rouspétait et narguait son fils pour tout ce qu'il disait ou faisait. À la fin l'enfant était plutôt triste.

Cependant, les deux aimaient beaucoup le bricolage. Quand au lieu d'aller au stade, ils bricolaient, ils avaient plus de plaisir et aimaient alors être ensemble.

CE QUE LE PÈRE VEUT ET NON CE QUE L'ENFANT VEUT

Certains pères ne font que ce qu'ils aiment et ne se préoccupent pas du tout de ce qu'aime faire l'enfant. Certains enfants qui ont de tels pères gardent le silence et tout continue ainsi et ils en viennent à détester la visite de leur père. Les enfants qui eux en parlent à leurs pères, réussissent quelquefois à leur faire changer leurs habitudes.

Le père de cette fille est vendeur. Chaque samedi et quelquefois le dimanche, il la prenait avec lui pour visiter ses clients. La fille souvent devait rester assise seule dans la voiture et elle

s'ennuyait à mourir et était très malheureuse. Elle en vint à redouter les visites de son père. Aussi longtemps qu'elle ne lui en parla pas, son père continua à agir ainsi parce qu'il ne se rendait pas compte qu'elle ne s'amusait pas. Le père pensait qu'elle était contente tout simplement d'être avec lui. Malgré qu'elle se plaignait un peu de temps en temps, il ne changea pas son habitude. Finalement quand elle lui laissa savoir que ça n'allait pas et qu'elle n'avait plus envie de sortir avec lui en visite, le père se rendit compte de son erreur. C'est alors qu'ils commencèrent à faire des choses auxquelles ils prenaient plaisir tous les deux.

COMBIEN DE TEMPS DOIT-ON PASSER AVEC SON PÈRE ?

Dans certaines familles, il y a une règle qui dit que l'enfant doit voir son père une ou deux journées à chaque semaine. Cependant, il y aura des moments où l'enfant n'aura pas envie d'aller chez son père mais préfèrera rester chez lui à jouer seul ou avec ses amis. Plutôt, il sera peut-être forcé d'aller chez son père.

Je ne crois pas qu'on doive imposer à un enfant de voir son père plus souvent qu'il ne le souhaite. Il devrait pouvoir choisir s'il veut oui ou non lui rendre visite tel samedi ou dimanche. Évidemment, il doit se décider d'avance afin que son père ne vienne pas le chercher pour rien. Si tu n'as pas le droit de choisir, parles-en à tes parents et dis leur ce que tu souhaiterais. Certains enfants n'aiment pas aller visiter leur père et se taisent et ne disent pas à leurs parents ce qu'ils pensent. Alors ils découvrent souvent que s'ils en parlent, ils ne seront pas forcés d'aller visiter si ils ne le veulent pas.

Certains parents croient qu'une visite doit durer toute une journée. Ils pensent, puisque l'enfant ne voit pas son père de la semaine, qu'il vaudrait mieux être ensemble le samedi et le dimanche. Cela est vrai pour certaines familles mais pas toutes. Quelquefois des visites plus courtes conviennent mieux. Quelquefois le père et son fils auraient plus de plaisir à passer moins de temps ensemble. Quand ils passent trop de temps ensemble, ils se fatiguent l'un de l'autre et finissent par se taper sur les nerfs. Quelquefois tous les deux souhaitent que les visites soient plus courtes mais ils ne s'en parlent pas. Quand ils le font et décident d'écourter les visites, ils sont habituellement tous les deux plus heureux de se revoir.

Certains pères croient qu'il est important de sortir tous les enfants ensemble le jour de la visite. Quelquefois, il vaut mieux alterner, une fois c'est le tour de l'un, ensuite c'est le tour de l'autre; chacun son tour. Dans les familles nombreuses, les 111 enfants peuvent y aller par petits groupes. Évidemment de temps en temps c'est peut être plus agréable d'y aller tous ensemble.

Souviens-toi, que si tu n'en as pas envie, tu ne devrais pas être obligé de visiter ton père à chaque semaine. Également dans certaines familles, on a découvert qu'il était plus agréable d'alterner les visites. Certains enfants y vont une fois, les autres y vont la fois suivante et quelquefois ils sortent tous ensemble. Et pour finir : Souvent les visites très courtes deviennent plus agréables que les longues.

TU VEUX AMENER TES AMIS EN VISITE CHEZ TON PÈRE Une grande personne n'aime pas toujours les mêmes choses que les enfants et il y a beaucoup de choses que les enfants aiment et que les grandes personnes n'aiment pas. À cause de cette vérité, un père a quelquefois de la difficulté à trouver des choses agréables à faire avec son enfant qui lui rend visite. Quand cela arrive, alors il se passe tout ce dont je t'ai parlé, c'est-à-dire que le père et l'enfant deviennent grincheux ou s'ennuient.

Une façon de rendre plus agréable les visites, c'est d'amener un ami. Cela est d'autant plus vrai si l'enfant n'a ni soeur ni frère. Je ne te suggère pas d'amener un ami à *chaque* visite car cela empêcherait ton père et toi de faire des choses tout seuls ensemble. Mais qu'un ami vienne de temps en temps peut vraiment faire plaisir à tous les deux. Tu peux alors faire avec ton ami toutes ces choses que tu ne peux faire avec ton père et ton père en sera d'autant plus détendu. C'est quelquefois assez exigeant pour un père de contenter ses enfants pendant toute une journée.

Quelquefois un père invite l'ami de son enfant et ne fait rien ou presque avec son enfant et laisse les enfants jouer ensemble tout le temps. Si ton père agit ainsi et que tu t'ennuies de lui, dis-lui ce que tu ressens pour qu'il puisse alors passer plus de temps **112** *seul* avec toi.

Rappelle-toi bien : C'est une bonne chose d'amener un ami de temps à autre et cela peut rendre la visite plus agréable. Mais tes amis ne doivent pas venir trop souvent car alors tu n'auras plus tellement de temps seul avec ton père.

TU JOUES TROP À L'ADULTE AVEC TON PÈRE Au chapitre précédent, je t'ai dit que certains garçons essaient de se comporter comme un mari avec leur mère. Il y a également des filles qui essaient de se comporter en épouse avec leur père. Alors la fille se mettra à faire la cuisine, parlera comme une grande personne à son père, se maquillera pour ses visites et voudra sortir seule avec lui un peu partout. Il y a des pères qui aiment que leurs filles fassent ça. Habituellement si la fille et le père font ça trop souvent, la fille aura des problèmes quand elle voudra fréquenter les garçons et se marier. Par conséquence, ce n'est pas une très bonne idée. De plus, ces filles ont quelquefois du mal avec leurs amies qui n'aiment pas beaucoup voir une fille se comporter comme une adulte.

TU FAIS LE BÉBÉ AVEC TON PÈRE Dans le chapitre précédent, j'ai aussi décrit les filles et garçons qui se comportent en bébé avec leurs mères. Ces enfants tentent aussi de se faire traiter en bébé par leur père et celui-ci peut même tirer plaisir à les traiter en bébé. Ce n'est pas une bonne idée. C'est peut-être agréable pour les enfants de recevoir un surplus d'attention et de soin, mais ils auront du mal à s'entendre avec les amis de leur âge qui les traiteront de « bébé-la-la » et les taquineront parce qu'ils n'agiront pas en enfants de leur âge. Plus tard ces enfants auront du mal à rencontrer des amis, sortir avec eux et se marier. Un bon père ne traite pas ses enfants comme des bébés.

QUAND TON PÈRE PARLE DE TA MÈRE Au chapitre précédent, je t'ai dit qu'on ne devait pas se fier à ce que certaines mères disaient quand elles parlaient du père de leurs enfants. Il y a des pères qu'on ne doit pas croire quand ils parlent de la mère de leurs enfants. Ces pères disent plein de méchancetés à propos de la mère qui ne sont pas vraies. Ils diront même qu'elle déteste l'enfant alors qu'elle l'aime.

Si ton père agit ainsi, il vaut mieux ne pas prendre au sérieux tout ce qu'il dit, à moins que tu sois sûr qu'il ait raison. Souvent on ne peut se fier à lui entièrement quand il parle de ta mère, mais pour le reste, tu peux avoir confiance.

LES PÈRES QUI NE VISITENT PAS   Maintenant je vais te parler des pères qui, habitant tout près, ne visitent pas et des pères qui, habitant au loin, écrivent ou appellent à peu près jamais. Heureusement ces pères sont très rares.

C'est triste à dire, mais ces pères n'aiment pas leurs enfants ou ils ne les aiment que très peu. Au fur et à mesure que tu grandiras, tu apprendras que personne n'est parfait. Chacun à ses défauts et cela s'applique aussi à tes parents. Ces pères peuvent être tout à fait convenables par ailleurs, mais ils ont un problème terrible, c'est qu'ils ne peuvent pas aimer leurs propres enfants.

Si ton père est comme ça, ça ne signifie aucunement que tu ne vaux rien et que personne d'autre ne t'aimera. Ce n'est pas parce que ton père ne peut pas t'aimer que tu n'es pas aimable. Un père qui ne peut aimer ses enfants a quelque chose qui ne va pas. C'est regrettable pour lui parce qu'il se prive d'une des plus grandes joies. Comme on dit fréquemment, il est plus à plaindre qu'à mépriser. Cela signifie que tu te sentiras mieux en ayant de la pitié pour lui qu'en étant en colère contre lui.

Le père d'une fille que je connais ne s'intéressait pas beaucoup à elle et venait très rarement la visiter. Un jour en parlant de son père, elle s'est exclamée : « Pauvre maudit papa ». C'était vraiment une très bonne façon de montrer qu'elle le plaignait et qu'en même temps, elle laissait voir toute sa colère.

Certains enfants avec de tels pères continuent de souhaiter et **114** d'espérer du changement, et ils essaient mille choses pour que leurs pères les aiment. Si tu as essayé ça et que ton père n'a pas changé, il vaut mieux pour toi que tu essaies de l'oublier et de chercher de nouveaux amis jeunes ou vieux.

On dit aussi qu'il est inutile de fouetter un cheval mort. Un cheval lambin pourra peut-être avancer plus vite s'il est fouetté doucement, mais un cheval mort n'avancera jamais quoique tu fasses. Cela signifie qu'on ne doit pas essayer de faire avancer un cheval mort parce que bien sûr il ne bougera pas. Il en va de même pour ton père ; si ton père te montre autant comme autant qu'il ne t'aime pas, arrête d'essayer de le changer. « Ne fouette pas le cheval mort ».

Certains enfants dont les pères ne visitent jamais ou à peu près pas, vont nier que leur père a quelques défauts que ce soit ou vont se comporter comme s'il était parfait. Ils s'acharnent à prétendre que leur père est parfait, et inventent toutes sortes d'explications ridicules au fait qu'il visite peu ou pas du tout. En refusant de faire face à la réalité, ces enfants se compliquent vraiment la vie : il ne leur en sera que plus difficile de faire face au divorce et n'en auront que plus de problèmes.

Que faire si tu ne vois presque jamais ton père ? Tu devrais tout simplement te faire de bons amis parmi les enfants de ton âge et aussi parmi les grandes personnes qui pourraient être pour toi des pères-substituts. Il existe de nombreuses associations de pères-substituts pour les enfants vivant avec un seul parent. Dans de telles associations, adultes et enfants, participeront à des pique-niques, des excursions et visiteront des endroits intéressants et feront ainsi la plupart des choses que les enfants font avec leurs pères. Tu peux demander à ta mère de se joindre à une telle association, si elle n'en fait pas déjà partie. Il y en a dans presque toutes les villes. Ajoutons que les chefs scouts, les moniteurs, les entraîneurs peuvent être d'excellents pères-substituts. Tu les rencontreras à l'école, à la paroisse, au terrain de jeux et dans les centres de loisirs. Il serait peut-être temps que tu te joignes à de tels groupes.

8.

COMMENT T'ENTENDRE MIEUX AVEC DES PARENTS QUI VIVENT SÉPARÉMENT

CERTAINS PROBLÈMES PARTICULIERS surviennent du fait que l'enfant vit en partie avec un parent et en partie avec l'autre. En général, c'est parce que les parents même divorcés continuent à se quereller. Ils n'ont pas encore résolu toutes leurs disputes et ils ne peuvent pas tellement le faire en vivant loin l'un de l'autre. Chaque parent essaie de se servir de l'enfant pour gagner la bataille contre l'autre. Il vaudrait mieux pour l'enfant qu'il cesse ce qui lui éviterait un certain nombre de difficultés que je vais te décrire dans ce chapitre.

TU SERS D'ESPION ET DE PORTE-PAQUETS Certains parents utilisent leur enfant comme espion. Chaque parent lui pose de nombreuses questions, à savoir si l'autre a des rendez-vous d'amoureux, s'il dépense beaucoup d'argent. Parce qu'il a envie de plaire, l'enfant essaie de bien répondre. C'est une grave erreur. Il doit dire à ses parents qu'il ne sera pas leur porte-paquets. En jouant l'espion, l'enfant ne fait qu'entretenir la bataille. S'il arrête de fournir des renseignements, ses parents se chicaneront peut-être moins. En outre, personne n'aime vraiment un espion, surtout pas l'espion lui-même.

Il se peut que tes parents te disent qu'ils t'aiment mieux parce que tu leur procures ces renseignements, mais au fond c'est tout le contraire. Ta mère ne te fera plus confiance si elle sait que tu révèleras sa vie privée à ton père, et ton père lui aussi ne se fiera plus à toi si tu racontes sa vie à ta mère. De plus, tu ne peux te sentir bon si tu es un porte-paquets.

Maintenant ceci ne signifie pas que tu ne doives rien dire à aucun de tes parents de ta visite avec l'un d'entre eux. À l'usage, tu apprendras qu'il y a certaines choses qu'il vaut mieux taire. Au début, c'est assez difficile de distinguer lesquelles mais éventuellement la plupart des enfants l'apprennent. Si le sujet te concerne peu — par exemple s'il s'agit de la vie privée du parent — il vaut mieux ne pas répondre. Il vaut mieux répondre en disant : « N'essaies pas de me faire jouer le rôle de porte-paquets ». Si certains sujets semblent entretenir la bagarre entre tes parents, refuse de répondre aux questions qui s'y rapportent. Les deux sujets privilégiés par les parents sont : L'autre a-t-il un amoureux et sur quoi l'autre dépense-t-il son argent. Bien d'autres sujets peuvent entretenir la bataille et ce sera à toi de découvrir lesquels.

LE SOUQUE À LA CORDE   Parfois la mère tente de s'allier l'enfant contre le père ou parfois le père fait de même contre la mère. Chaque parent désire que l'enfant confirme que l'autre parent a tort. Lorsque les deux parents font cela en même temps, l'enfant est pris entre les deux. S'il se range du côté de sa mère, son père lui en voudra peut-être. Si au contraire, il s'allie à son père, c'est sa mère qui sera peut-être fâchée contre lui. Quoi faire si tu es pris dans une telle situation ?

Une solution consiste à refuser de prendre parti ou de t'impliquer dans la bagarre. Ne sois pas complice d'un parent contre l'autre. Ne fais pas les messages qui se rapportent à leurs querelles.

Si cela t'arrive, une autre possibilité est d'être très attentif à ce que toi tu crois, lorsqu'un parent te dit des méchancetés sur l'autre. Malgré qu'ils essaient d'être honnêtes et sincères avec toi, il leur est difficile de l'être l'un à l'égard de l'autre. Tu ne peux pas leur faire totalement confiance sur ce qu'ils disent l'un de l'autre surtout lorsqu'il s'agit de choses vilaines. Ne crois que ce dont tu es certain ou ce dont tu as été toi-même témoin.

Rappelle-toi que personne n'est parfait : Chacun a ses bons et ses mauvais côtés, chacun a parfois raison et parfois tort. La plupart du temps, chacun des deux parents a raison dans certains cas et tort dans d'autres. Ce serait surprenant que le père ou la mère ait raison tout le temps. Quelquefois ta mère aura raison, **119** d'autres fois ce sera ton père. Parfois tu ne pourras pas décider qui a raison. En écoutant ta mère tu auras l'impression que c'est elle qui a raison. Quand tu écouteras ton père, tu auras l'impression que c'est lui. Quelquefois même les psychiatres ont de la difficulté à décider qui a raison.

La meilleure solution lorsque l'un des parents ou les deux tentent de t'enrôler contre l'autre, est de refuser de participer à la bataille et de veiller soigneusement à ne pas croire chaque vilaine chose que l'un dit de l'autre. Cependant tu peux habituellement les croire quand ils parlent de d'autres sujets qui n'ont rien à voir avec le divorce.

MONTER LES PARENTS L'UN CONTRE L'AUTRE Certains enfants cherchent à se faire aimer de chacun de leur parent en disant du mal de l'autre parent tel qu'il veut l'entendre, par exemple quand il est avec sa mère, l'enfant lui dira de vilaines choses au sujet du père et quand il sera avec le père, il lui dira de vilaines choses au sujet de la mère. Certains enfants ne font que dire du mal, jamais du bien et d'autres inventent alors des histoires. C'est ce que j'appelle monter les parents l'un contre l'autre. On trouve des parents qui aiment bien entendre ces histoires, cependant l'enfant sait qu'il leur joue un tour et qu'il les trompe et il se sent mal de le faire. Et tôt ou tard, ils s'en apercevront et auront peut-être moins confiance en lui et l'aimeront peut-être moins.

Quand les parents divorcés deviennent rancuniers, l'enfant en profite pour obtenir d'eux des choses dont il n'a pas vraiment besoin. Par exemple, cette fille racontait souvent à son père que sa mère le trouvait chiche avec son argent et qu'il n'achetait

jamais de cadeaux à ses enfants. Son père, croyant à son histoire, commença à lui offrir des cadeaux alors qu'elle n'en avait vraiment pas besoin. Quand elle était avec sa mère, elle lui répétait que son père trouvait qu'elle sortait trop et ne restait pas assez souvent avec sa fille. La mère, croyant que c'était vrai, diminua ses sorties et resta avec sa fille qui n'en avait pas vraiment besoin.

Malgré qu'elle reçut plein de cadeaux de son père et qu'elle passa plus de temps en compagnie de sa mère, elle se sentit très mal d'avoir menti. Et quand ses parents se rendirent compte de ce qui se passait, pendant un certain temps, ils perdirent légèrement confiance en elle, même si elle ne mentait plus. Comme tu vois, le trompeur est trompé plus qu'il n'a trompé ceux qu'il voulait tromper.

TU SERS D'ARME ET DE MUNITION Même après le divorce, les parents qui se querellent, essaient de blesser ou contrôler l'autre parent en s'en prenant à l'enfant. C'est ce qu'on appelle servir de munition ou d'arme. Par exemple, une mère ne laisse pas son enfant aller chez le père parce qu'elle n'aime pas certaines des choses qu'il fait. Ou alors, un père n'enverra pas l'argent de la pension parce qu'il n'approuve pas la conduite de la mère. Il dira même qu'il paiera seulement si elle agit comme il veut.

C'est une situation bien embêtante et souvent l'enfant n'y pouvant rien, n'a qu'à accepter cet état de fait. Il peut leur dire qu'ils s'en prennent à lui qui n'y est pour rien et que c'est injuste et cruel d'agir ainsi. Il peut même ajouter qu'à cause de leurs attitudes, il ressent moins d'amour et de respect pour eux : À vrai dire, comment peut-il les aimer et les respecter s'ils ne font que le blesser lui qui n'y est pour rien là. Quelquefois ça aide d'en parler à ses parents.

Si ta mère t'empêche de voir ton père, rappelle-toi qu'elle ne te contrôlera pas quand tu seras grand. Alors vous vous verrez tous les deux à votre goût. Si ton père n'envoie pas d'argent, tu ne manqueras pas vraiment de nourriture, de vêtement ou de logement. Même si ta mère se retrouve sans aucun argent, il y a toujours dans les villes et villages, des bureaux où elle peut en obtenir si elle est mal prise.

Cependant c'est vrai qu'il y a des situations dans lesquelles l'enfant ne pourra rien faire. Alors il vaut mieux se rappeler qu'un temps viendra où il y aura grandi et où il ne sera plus impuissant à faire quoique ce soit. Alors il sera beaucoup moins blessé par les problèmes des autres.

Si tes parents se conduisent de la façon que je viens de décrire, tu auras avantage à essayer quelques-unes des solutions que je propose.

9.

COMMENT T'ENTENDRE MIEUX AVEC TON BEAU-PÈRE OU AVEC TA BELLE-MÈRE

SI TA MÈRE SE REMARIE, son nouveau mari sera ton « beau-père ». Si ton père se remarie, tu appelleras sa nouvelle femme ta « belle-mère ». C'est plutôt une bonne affaire que le remariage des parents, car ainsi le foyer redevient complet avec un père, une mère et des enfants, et habituellement tous sont plus heureux qu'avant. Quelquefois même, la belle-mère ou le beau-père est plus gentil avec l'enfant que sa vraie mère ou son vrai père. L'enfant n'en est que plus heureux.

Pour commencer, je parlerai des beaux-pères et ensuite des belles-mères.

LES BEAUX-PÈRES La plupart des enfants souhaitent le remariage de leur mère divorcée afin d'avoir un nouveau père. Cependant, nombreux sont ceux qui craignent ou s'enragent à l'arrivée d'un homme qui semble vouloir épouser leur mère. Ces enfants changent parfois d'avis et disent à leur mère qu'ils ne veulent plus d'un remariage. C'est parce que les nouveautés font souvent peur aux enfants comme aux grandes personnes d'ailleurs. Quand une mère se remarie, l'enfant ne sait pas à quoi s'attendre. Il ne sait pas très bien comment sera son nouveau père, il s'imagine le pire plutôt que le meilleur. Ses craintes disparaissent au fur et à mesure que l'enfant connaît le beau-père et le voit tel qu'il est.

Quelquefois le nouveau père essaie de se faire aimer par toi et il le montre en t'offrant trop de cadeaux, en t'embrassant fréquemment et en essayant d'être trop souvent avec toi. S'il agit de la sorte, c'est qu'il ne s'est pas encore rendu compte que la véritable amitié est celle qui grandit lentement. Il veut devenir ton ami immédiatement, ne réalisant pas qu'on se fait des amis sans se presser. Ne t'inquiète pas de ça et ne lui cause pas d'ennuis. Il t'aime probablement et le montre peut-être un peu gauchement.

Parce qu'ils ne font pas confiance aux hommes, quelques enfants craignent leur beau-père. Parce que leur père les a quittés, ils craignent que tous les hommes agissent ainsi. Redoutant d'être déçus, ils ont peur de l'aimer trop. C'est une croyance répandue et ta mère y croyait peut-être auparavant. Cependant ce n'est pas parce qu'un homme est parti sans revenir qu'un autre fera la même chose. Cette fois ta mère fait probablement de son mieux afin d'être sûre que c'est l'homme qu'elle veut et que le mariage sera une réussite.

Certains enfants changent d'idée à propos du remariage de leur mère quand ils se rendent compte que le nouveau beau-père pourrait leur prendre un peu du temps que leur mère leur consacrait.

Ils se sentent alors fâchés et essaient de dire à cet homme de partir et de convaincre leur mère de ne pas se remarier. Cette antipathie est d'autant plus forte qu'ils le voient embrasser ou caresser leur mère, passer du temps à la maison ou partir quelques jours avec elle. Ils souhaitent alors revenir à cette époque où ils avaient leur mère tout entière à eux. Ils peuvent aussi se sentir blessés en voyant combien elle est heureuse avec ce nouvel homme et ils s'imaginent qu'elle ne peut les aimer vraiment si elle se met à l'aimer, lui.

Eh bien premièrement tu dois te rappeler que l'amour n'est pas un morceau de tarte qu'on distribue à la ronde et que si l'on en donne à l'un il y en aura moins pour l'autre — L'amour est plutôt comme l'eau de source. Une personne peut en donner beaucoup à un grand nombre de personnes. Qu'elle aime cet homme et qu'elle passe beaucoup de temps avec lui ne signifie aucunement qu'elle t'aime moins. Deuxièmement il est important que tu te rendes compte que ta mère sera d'autant meilleure mère pour toi qu'elle sera plus heureuse elle-même. Si elle est heureuse dans sa vie avec cet homme, les chances sont qu'elle sera meilleure mère, plus patiente avec toi et qu'elle aura beaucoup de plaisir à être avec toi. C'est un des beaux côtés de l'amour parce qu'elle aimera ce nouvel homme, elle prendra plus de plaisir à ce qu'elle fera et ainsi elle t'aimera plus parce qu'elle aura justement plus de joie à être avec toi. En terminant, tu dois aussi te rappeler que tu grandiras et alors tu auras la chance de te faire des amis comme ceux qu'a ta mère. Un jour donc, tu épouseras quelqu'un qui sera tout à toi et avec qui tu feras mille choses formidables.

Certains enfants s'entendent mal avec leur père et alors s'en prennent à leur beau-père. Ils seront par exemple fâchés contre leur père mais garderont leur colère en dedans. La colère alors s'accumule en dedans ; l'enfant devient irritable et capricieux et alors il libère sa colère sur quelqu'un d'autre — comme son beau-père — Il croira que son beau-père est vraiment minable et cruel alors qu'il ne l'est pas. Cet enfant aura moins de problèmes avec son beau-père s'il parle à son vrai père de ce qui le préoccupe et si ensuite il règle quelques petits problèmes avec lui.

Le choix d'un nom pour un beau-père est quelquefois difficile. La plupart des enfants n'ont pas envie d'appeler le père et le beau-père par le même nom. Ils considèrent que leur père est tout à fait spécial, et ils se sentent mal de donner le même nom à quelqu'un d'autre. Que faire dans ce cas là ? Ce qui compte c'est de ne pas choisir un nom qui ne te plaît pas. Ne permets pas

qu'on t'impose un nom qui te déplaise. Il y a plusieurs noms
parmi lesquels tu peux choisir : Papa, père, papi, « mon oncle »,
etc... Certains enfants choisissent un nom pour leur vrai père et
un autre pour leur beau-père. D'autres appelleront leur beau-

père par son prénom, s'il est d'accord. D'autres lui inventeront un nouveau nom qui sera une combinaison des noms père, papa, mon oncle et de son prénom. Une fois de plus, il importe que tu choisisses le nom qui te vient tout naturellement et qui ne t'est pas imposé.

Quelquefois des enfants sont déçus par leur beau-père parce qu'il ne semble pas les aimer autant qu'ils l'auraient espéré. Il est important de te rendre compte qu'il a épousé ta mère parce que c'est elle — et non pas toi — qu'il aimait. S'il en vient à t'aimer, tant mieux. Mais tu n'es pas son enfant. Quoique certains beaux-pères aiment les nouveaux enfants comme les leurs, d'autres y sont peu attachés. Si ton beau-père ne t'aime pas ça ne signifie en rien que tu n'es pas aimable. Ça veut tout simplement dire qu'il ne t'aime pas. Ta déception durera tant que tu continueras à espérer recevoir un amour qu'il ne peut pas ou ne veut pas te donner.

Parce que certains enfants souhaitent un beau-père parfait ou presque parfait, ils sont déçus. Quoique les vrais pères de ces enfants n'aient pas été des perfections, ils s'attendaient à des beaux-pères parfaits. Il n'y a personne de parfait sur cette terre ; chacun a ses défauts. Ces enfants seront déçus tant et aussi longtemps qu'ils espéreront un beau-père parfait.

De nombreux enfants souhaitent le remariage de leur père avec leur mère. Bien que les parents leur aient affirmé qu'il n'en était pas question, ils continuent d'espérer. Quand l'un des parents se marie à quelqu'un d'autre, il est bien difficile pour l'enfant de continuer à croire au remariage de ses parents. Ceci aidera l'enfant à cesser de perdre son temps, à espérer ce qui n'arrivera jamais.

ET LES BELLES-MÈRES Presque tout ce que j'ai dit des beaux-pères s'applique aux belles-mères. La plupart des enfants de parents divorcés vivent avec leur mère. Si elle se remarie ils vivent alors avec un beau-père et il devient important pour eux. La majorité des enfants ne vivent pas avec leur père. Si leur père se remarie, ils auront une belle-mère. D'habitude les enfants voient moins souvent leur belle-mère que leur beau-père, donc elle est moins importante pour eux.

Après son remariage, un père passe moins de temps en compagnie de ses enfants. Sa nouvelle femme aime qu'il passe du temps avec elle et elle n'aimera peut-être pas qu'il sorte avec toi. Si tu t'entends bien avec ta belle-mère, tu verras peut-être plus souvent ton père. Souviens t'en, car ça fera toute la différence dans la fréquence de tes visites avec ton père et ça affectera la réussite de tes sorties avec lui. En outre ta belle-mère est une personne qui probablement deviendra une amie, avec qui tu te sentiras un peu moins triste et un peu moins seul.

Les enfants qui ont des ennuis avec leur mère s'en prennent quelquefois à leur belle-mère. Ils ont peut-être peur de parler à leur mère de ce qui les préoccupe donc ils gardent tout en dedans.

Cela les rend exigeant et alors ils libèrent leur colère sur leur belle-mère. Ils en viennent même à penser que leur belle-mère est méchante alors qu'elle ne l'est pas. Ces enfants s'entendront mieux avec leur belle-mère qu'à la condition qu'ils règlent leur différent avec leur vraie mère. Je te l'ai dit auparavant : Le but de la colère, c'est de t'aider quand tu es mal pris avec quelqu'un. Parle à cette personne, ne laisse pas ta colère s'accumuler en dedans. Permets à ta colère de te rendre service. Si tu gardes tout à l'intérieur de toi, tu risques de t'en prendre à la mauvaise personne — comme à ta belle-mère par exemple.

Quelquefois un enfant ne sait pas quel nom donner à sa belle-mère. Puisqu'il a déjà une vraie mère, il ne voit pas comment il pourrait donner à sa belle-mère le même nom. Il considère que sa mère est toute spéciale et que son nom ne doit servir qu'à elle.

Alors que faire? Il est dans ce cas important d'être à l'aise en utilisant le nom avec lequel tu te sens à l'aise. Il ne faut pas qu'on te force à utiliser un nom que tu n'aimes pas. Certains enfants se sentent à l'aise d'appeler leur mère «maman» et leur belle-mère «mamie», «ma tante» ou «mère». D'autres n'aiment pas ça du tout. D'autres voudront appeler leur belle-mère par son prénom si elle est d'accord. Quelques autres lui inventent un nouveau nom. Ce qui compte donc ce n'est pas le nom lui-même mais le sentiment d'être à l'aise en l'utilisant. Ne te laisse imposer aucun nom.

Malgré tous les nouveaux problèmes qui surgissent quand les parents se remarient, il n'en demeure pas moins que les enfants sont généralement plus contents et plus heureux dans un foyer où l'on retrouve un père, une mère et des enfants — même si l'un de ses parents est un beau-parent.

10.

LES AUTRES DIFFICULTÉS DES ENFANTS DE PARENTS DIVORCÉS

AVEC LES ENFANTS DE PARENTS NON DIVORCÉS.
Quelquefois, les enfants de parents divorcés ont du mal à s'entendre avec les enfants dont les parents ne sont pas divorcés. Ceux-ci peuvent à l'occasion se montrer assez cruels et se moquer des enfants de foyer divorcé. Ils peuvent même penser que tu es un peu différent ou bizarre d'une certaine façon et quelquefois leurs parents ne veulent pas que tu joues avec eux.

Pouquoi est-ce que des choses pareilles arrivent?

Premièrement, parce que certains adultes ont des idées étranges sur le sujet du divorce. Ils s'imaginent que les gens qui divorcent sont malsains, irresponsables ou étranges. Ils ne se rendent pas compte que le divorce est une triste chose et que ce sont les erreurs de gens et leurs problèmes qui en sont la cause. Au lieu d'être peinés et d'aider les personnes divorcées, ces gens auront peut-être tendance à se moquer d'eux et à les détester. Ils voudront s'en éloigner et agiront de façon étrange à leur égard. Ils transmettront peut-être ces idées curieuses à leurs enfants qui commenceront alors à penser que les enfants de parents divorcés sont vraiment malsains, irresponsables ou étranges.

Deuxièmement, ces enfants parce qu'ils se sentent mal eux-mêmes, se mettent à être cruels et pour se sentir mieux, essaient de rabaisser les autres. Ils se moquent tout particulièrement de ceux qui sont faibles ou de ceux à qui il est arrivé malheur. Ils essaient de se grandir en écrasant les autres, et ça ne marche jamais. Ils ont beau faire mal aux autres et s'en moquer, ils ne se sentent pas mieux pour autant.

Que faire si cela t'arrive ?

Certains enfants font tout pour cacher le divorce de leurs parents. Ils inventent toutes sortes d'histoires pour justifier l'absence de leur père. Ils préfèrent que leurs amis ne viennent pas à la maison de peur qu'ils se rendent compte que le père n'habite plus là. Ils peuvent aller jusqu'à cesser de jouer avec eux afin de préserver leur secret.

C'est vraiment la pire solution parce qu'elle t'amène à avoir honte de toi. Tu sais que tu mens et tu t'en sens d'autant plus mal. Tu as toujours peur que les autres percent ton secret. C'est bien plus pénible pour toi de garder ton secret que d'en parler au début et de faire face aux conséquences. Tes amis sauront tôt ou tard la vérité et si tu leur as menti, ils auront beaucoup de mal à te faire confiance. Enfin, si tu décides de te tenir à l'écart de tes camarades afin de préserver ton secret, tu finiras par te sentir très seul.

Par conséquent que faire si on se moque de toi parce que tes parents sont divorcés ?

D'abord, rappelle-toi que même si l'on pense que tu es mauvais, irresponsable ou étrange, cela ne signifie pas du tout que tu le sois vraiment. Tu es comme tu es, indépendamment de ce que les gens pensent. Cependant, il arrive qu'ils aient raison mais pas tout le temps. Il y en a qui pensent que le jugement des autres est toujours juste. Il peut l'être : C'est à toi de décider si ce qu'ils disent, est vrai ou faux.

136   Si quelqu'un te disait que tes cheveux sont violets et ta peau verte, ça ne te donnerait pas des cheveux violets et une peau verte. Tu pourrais vérifier dans le miroir et tu te rendrais compte que pour dire des choses pareilles il faut être un peu sot.

Si un autre te disait que tu as les yeux bleus et des cheveux bruns et que tu le constatais dans le miroir, tu pourrais lui donner raison et être d'accord avec lui.

Souviens-toi de cette expression : « Les insultes me passent 10 pieds par dessus la tête. » Peu importe ce que tes camarades trouveront à dire à ton sujet, ça ne peut pas te blesser vraiment.

Cette expression peut te servir de réplique à ceux qui se moquent de toi à tort et à travers.

Et si des enfants t'inventent des sobriquets parce que tes parents sont divorcés, ou s'ils pensent que tu es malsain ou bizarre, rappelles-toi que ce n'est pas vrai. Et si tu gardes cette idée en tête, tu ne pourras que t'en sentir mieux.

Il importe aussi de te rendre compte, que les enfants qui se moquent de toi parce qu'ils se sentent mal, essaient seulement de se montrer bons en te rabaissant. Si tu comprends cela, tu te laisseras moins déranger par ce qu'ils te disent.

Ce qui compte finalement lorsque tu traites avec des gens qui ne comprennent rien au divorce, c'est d'être toi-même dans ce que tu as de plus vrai, en faisant comme si tout était normal et que tes parents n'étaient pas divorcés. Il n'y a aucun rapport entre le divorce de tes parents et tes jeux et tes activités à l'école. Si tu es toi-même, la plupart des enfants réagiront envers toi comme si tes parents n'étaient pas divorcés. Ce qui importe le plus pour les autres enfants, c'est que tu sois gentil avec eux et qu'il soit agréable d'être avec toi. Si tu es aimable et que tu joues bien avec

eux, la plupart des enfants voudront jouer avec toi malgré que tes parents soient divorcés. Quand même qu'ils te crieraient des noms à l'occasion ou qu'ils partageraient les idées étranges que leurs parents se font du divorce, ils t'aimeront et te rechercheront si tu demeures une personne aimable.

LES ENFANTS QUI ONT UNE MAUVAISE OPINION D'EUX-MÊMES
Certains enfants dont les parents sont divorcés se sentent différents ou mauvais, même si personne ne s'est jamais moqué d'eux. Ils s'imaginent qu'ils sont moins bons que leurs camarades dont les parents connaissent un mariage heureux. Personnellement, je pense que c'est une question de chance : Ceux-là ont eu la chance d'avoir des parents bien mariés et celui-ci, sans que ce soit de sa faute, est né de parents qui ont divorcé. Cela ne le rend ni étrange, ni moins bon, ni moins aimable, il est simplement moins chanceux que les autres à cet égard.

Remarque qu'un grand nombre d'enfants, dont les parents vivent heureux ensemble, ne sont pas nécessairement plus heureux ou plus chanceux que toi. Souvent des parents persistent à vivre ensemble et sont très malheureux dans cette situation, ils agissent ainsi parce qu'ils pensent que leurs enfants s'en porteront mieux.

Ainsi que je l'ai mentionné, les psychiatres savent que souvent ce n'est pas la meilleure solution et que les enfants s'en sortiraient mieux si leurs parents divorçaient. Ces enfants-là souffrent peut-être de problèmes bien plus graves que les tiens ; sans aucun doute tu es plus chanceux qu'eux. Ne crois surtout pas que les enfants dont les parents restent ensemble sont plus heureux que toi. Certains sont beaucoup plus mal pris que toi.

De nombreux enfants dont les parents sont divorcés se sentent mal parce qu'autour d'eux, il y a beaucoup d'enfants dont les parents ne sont pas divorcés. Ils se sentent différents et ils pensent qu'il y a très peu d'enfants comme eux. Lorsqu'ils entendent parler les autres de ce qu'ils font avec leurs deux parents, ils éprouvent de la tristesse parce qu'ils ne peuvent pas faire de même.

Ces enfants se sentiront souvent mieux lorsque leurs parents se joindront à des associations* de parents divorcés. Alors ils se retrouveront avec d'autres enfants qui vivent la même situation. Ainsi ils constateront qu'ils ne sont pas les seuls à vivre un divorce et ils se sentiront moins différents des autres et plus heureux. Dans de telles associations, ils pourront apprendre comment s'y prendre pour faire face à leurs difficultés d'enfants de parents divorcés. Il y a des millions d'enfants dont les parents sont divorcés. Il y en a dans toutes les villes et villages. Leur nombre croît à chaque année et il y a même des associations pour eux. Demande à ta mère ou à ton père s'il te serait possible de te joindre à l'une d'elles.

* Au Québec il existe de telles associations et elles portent le nom «d'Association de familles monoparentales» «One parent-family association».

LES ENFANTS QUI SE SENTENT HONTEUX DE LA CONDUITE DE LEURS PARENTS

Souvent les divorces sont causées par les problèmes de l'un ou l'autre des deux parents. Par exemple : le père boit trop ou encore il perd son salaire aux cartes et toute la famille en souffre. Il se peut aussi qu'un père commette un geste qui l'amène en prison. Un autre pourra passer beaucoup de temps avec une autre femme. Sa femme en souffrira, ses enfants aussi. Il y a aussi des mères qui se conduisent mal. Elles sortent avec des hommes, ne s'occupent pas de la maison et négligent les repas de la famille. Quelquefois, il arrive que les parents se disputent si fort qu'il faut faire appel à la police. D'autres parents se comportent bizarrement et doivent être hospitalisés dans un hôpital ou une clinique psychiatrique où l'on soigne leurs problèmes devenus graves. Voici, je n'ai énuméré qu'une partie de ce qui peut arriver aux parents. Tout cela peut être à l'origine d'un divorce.

Certains enfants se sentent honteux de la conduite de leurs parents qui parfois posent des gestes comme ceux que je viens de décrire. Ils pensent qu'ils ne valent rien parce que les gens trouvent à redire sur leurs parents. Ce n'est pas la bonne façon de raisonner. C'est sûrement triste pour un enfant dont le parent se conduit de la sorte, mais ça ne signifie aucunement que cet enfant est moins valable. Ce n'est que de la malchance. Et si tu te crois moins acceptable à cause de ce que font tes parents, tu te trompes.

TES RESPONSABILITÉS SUPPLÉMENTAIRES

Les enfants de parents divorcés sont plus souvent obligés de se débrouiller seuls que les autres enfants dont les parents vivent ensemble. Ils ont plus de petits travaux à faire autour de la maison, ils doivent s'occuper de leurs frères et sœurs et faire des choses de grandes personnes. Toutes ces responsabilités additionnelles pourvu qu'elles ne soient pas trop nombreuses, peuvent être saines et utiles. Elles aideront l'enfant à mûrir et il apprendra ainsi un grand nombre de choses. Tout cela les aidera à grandir et

ils apprendront de nombreuses choses qui leur seront utiles plus tard. Voici donc un des avantages des enfants de parents divorcés sur les enfants dont les parents vivent ensemble.

La plupart des enfants acceptent volontiers les petits travaux supplémentaires. Cependant, certains les refusent et essaient plutôt de retourner au temps où ils étaient bébés alors qu'on faisait tout pour eux. Il y a des mères qui encouragent cela en traitant les enfants comme des bébés. Ces enfants et leurs mères se trompent vraiment : Ces enfants n'apprendront jamais ce que tout adulte doit savoir pour se débrouiller plus tard. Éventuellement, ces enfants auront peur de se trouver un emploi, de se marier et de s'occuper de leurs propres enfants.

Certains enfants se servent du divorce de leurs parents comme excuse pour ne pas prendre leurs responsabilités. Ils s'imaginent qu'on devrait alors les plaindre et leur accorder toutes sortes de **144** passe-droits. Ils essaient d'éviter de faire ce qu'ils devraient faire.

Ils croiront peut-être que les gens ne devraient pas attendre d'eux ce qu'ils attendent des autres — par exemple, faire les courses, les devoirs et les travaux ennuyeux — tout simplement parce que leurs parents sont divorcés.

Un adulte commet une grave erreur en permettant à ces enfants de se soustraire à leurs responsabilités car il ne les aide pas à grandir, au contraire il en fait des bébés. En plus, les autres enfants ne voudront pas pour amis de ces enfants couvés et qui sont si différents des autres à cause de cela.

Les enfants de parents mariés sont entourés de deux grandes personnes qui leur apportent amour et amitié. Les enfants de parents divorcés n'en n'ont qu'un. Ces enfants doivent donc combler le vide en trouvant des substituts. C'est à eux qu'il revient de se trouver des amis pour se sentir moins seuls. On ne se fait pas d'amis à rester assis sans rien faire. Il faut sortir, aller là où il y a d'autres enfants et se mêler à eux. Il faut les inviter chez soi et accepter d'aller chez eux.

Il faut qu'ils se joignent à certains clubs d'enfants comme les clubs sportifs, les scouts et les clubs de hobby organisés dans leur entourage. Ces clubs sont utiles à bien des égards. Quand l'enfant est avec d'autres, il se sent moins seul et se fait de nouveaux amis. De plus, les moniteurs ou animateurs de ces clubs peuvent quelque peu compenser l'absence du père. Ces moniteurs pourront faire avec toi ce que tu voudrais faire avec ton père. En se faisant de nouveaux amis, jeunes ou vieux, les enfants, même les plus tristes et les plus isolés, finalement se sentent beaucoup mieux.

À mesure que tu grandiras, il te sera plus facile de rencontrer tels amis parce que tu le feras de plus en plus par toi-même. Les adolescents ont des clubs et des groupes bien à eux et c'est ainsi qu'ils se font de nouveaux amis avec qui ils s'amusent. Évidemment quand tu seras plus âgé, au travail, au collège ou à l'université, il y aura toujours des gens à connaître et à aimer et des gens qui voudront te connaître et t'aimer.

Je trouve que ce que je viens de dire est très important car un grand nombre d'enfants de parents divorcés ne souhaitent pas se marier quand ils seront grands. Ils pensent en effet que parce que le mariage de leurs parents a mal tourné, que tous les mariages sont mauvais, pleins de dispute et de tristesse. Peut-être même que leurs parents leur ont dit ça. Ce n'est pas vrai. Pour un **146** grand nombre de personnes, le mariage est une aventure heureuse. Ce qui ne veut pas dire que même dans un mariage réussi, il n'y ait jamais de tristesse ou de bagarre. Il y en a dans tous les mariages. Mais des mariages heureux et réussis n'en comportent pas trop. Le simple fait que tes parents aient vécu beaucoup de bagarres et de tristesse et aient divorcé, ne signifie pas que toi un jour, tu ne pourras pas faire un bon mariage.

11.

TU VAS VOIR UN THÉRAPEUTE

Certains enfants de parents divorcés ont tellement de difficultés qu'ils ont besoin de l'aide de ce qu'on appelle un thérapeute. Je suis moi-même un psychiatre d'enfants, donc une sorte de thérapeute. Il y en a bien d'autres. D'habitude, si un enfant doit voir un thérapeute, ce n'est pas seulement à cause des difficultés que lui cause le divorce. Il est probable que s'il souffre tant, c'est qu'il a d'autres problèmes qui peuvent avoir plus ou moins de rapport avec le divorce.

LE GENRE DE PERSONNES QUE RENCONTRENT LES THÉRAPEUTES Pour certains enfants, seuls des fous ont besoin de consulter des psychiatres ou d'autres thérapeutes. En conséquence, si ces enfants doivent eux-mêmes en consulter, ils s'en sentent très humiliés ; ils pensent qu'ils sont mauvais et qu'ils doivent donc avoir des problèmes énormes. Mais les enfants qui vont chez le thérapeute, ressemblent aux autres enfants et se conduisent comme eux. Ils ont des difficultés particulières à certains égards, mais se débrouillent fort bien pour le reste. Tout ne va pas mal chez eux.

LES ENFANTS QUI SE SENTENT HONTEUX DE VOIR UN THÉRAPEUTE Certains enfants refusent d'aller voir le thérapeute pensant que c'est terrible et honteux. C'est dommage car alors ils resteront pris avec leurs problèmes. En allant voir le thérapeute, ils auraient peut-être pu en résoudre un certain nombre.

D'autres y vont même s'ils en éprouvent de la honte, mais alors ils font tout pour garder cela secret. Ils s'imaginent qu'une personne refuserait d'être leur ami si elle l'apprenait. Ces enfants ne se rendent pas compte que leur problème n'est qu'une petite partie d'eux-même et que l'autre partie est bonne et saine. Également, ils ne se rendent pas compte que pour les autres enfants, ce qui importe, c'est d'être amical et bon camarade. Si tu l'es, les autres te rechercheront même si tu vas chez un thérapeute.

Il se peut que certains parents de ton entourage aient des idées étranges au sujet de ceux qui vont chez les thérapeutes. Ils peuvent penser que les enfants en thérapie sont fous et qu'il arrivera malheur à leurs propres enfants s'ils jouent avec de tels enfants. Ce sont souvent ces mêmes personnes qui croient que les enfants de parents divorcés doivent avoir quelque chose de profondément dérangé. Ne t'occupe pas de ces gens, si tu vas chez un thérapeute. Souviens-toi que s'ils pensent ainsi, ils sont probablement beaucoup plus dérangés que toi. Ce qui importe c'est que leurs enfants voudront être avec toi, si tu es amical et bon camarade, même si tu consultes un thérapeute.

CE QUE FONT LES THÉRAPEUTES J'aimerais te décrire rapidement le travail des thérapeutes. Bien que certains d'entre eux soient médecins, ils ne font en général ni examen physique ni piqûre. Il se peut que parfois ils prescrivent des pilules pour aider les enfants à être plus calmes, moins agités et moins capricieux. Dans le bureau du thérapeute, les enfants s'occupent en général à dessiner, jouer avec des jeux, des poupées, des marionnettes et racontent des histoires. Les thérapeutes aiment bien qu'on leur raconte aussi des rêves car ceux-ci leur permettent de comprendre les problèmes qui t'habitent et dont tu sais très peu de choses. Les thérapeutes discutent également avec toi et avec tes parents d'un grand nombre de problèmes que je décris dans ce livre. Tout ceci peut aider un enfant à moins s'inquiéter et à vivre plus facilement avec ses difficultés.

Malgré que la majorité des enfants de parents divorcés n'aient pas besoin de thérapeute, ils auraient tous à gagner à partager leurs problèmes avec leurs parents et à leur poser des questions.

Si tu ne vas pas chez un thérapeute, je suis convaincu que tu te sentiras mieux si tu fais part à tes parents de certaines de tes difficultés.

12.

LE PRINCIPE DE FIELDS

LORS DES DÉBUTS du cinéma, vers 1930, il y avait un acteur américain très connu qui s'appelait W.C. Fields. C'était un grand comédien et il a fait de nombreux films très drôles qu'on peut encore voir de nos jours. Souvent ses blagues étaient pleines de sagesse. On répète encore de nos jours certains de ses bons mots qui sont devenus plus ou moins des proverbes. En voici un :

Si au début tu ne réussis pas...

essaie, essaie encore...

Si après tous ces efforts, tu
ne réussis toujours pas...

oublie tout ça...

Ne sois pas ridicule !

155

Je trouve ce proverbe si plein de sagesse que je l'ai appelé le Principe de Fields et il m'arrive de le rappeler à mes patients, petits et grands. Nombreux sont ceux qui refusent d'apprendre et ils continuent à essayer de réussir là où ils auraient dû abandonner depuis longtemps.

La plupart des enfants de parents divorcés n'auraient pas les difficultés qu'ils ont, s'ils suivaient le principe de Fields. Plusieurs enfants tentent de convaincre leurs parents de se remarier alors que ceux-ci ne veulent pas. D'autres s'obstinent à demander l'amour d'un parent qui ne peut pas en donner ; ces enfants deviennent entêtés, refusent d'abandonner ou d'admettre que cela n'arrivera pas et qu'il faut oublier tout ça. Ils ne veulent tout simplement pas essayer ce qui pourrait les aider à régler leurs problèmes.

Alors toi, n'oublie pas le principe de Fields.

Je t'ai beaucoup parlé du divorce. Tu ne comprendras pas tout du premier coup. Relis les passages que tu comprends moins bien et parles-en à tes parents. C'est souvent très utile de discuter de ces choses avec eux.

N'hésite jamais à partager tes inquiétudes avec tes parents et à leur poser des questions. Fais cela et tu t'en porteras beaucoup mieux.

POST-FACE

SI J'AI ÉCRIT CE LIVRE, je l'ai fait pour que les enfants de parents divorcés le lisent et se sentent mieux de l'avoir lu. Que mon voeu se réalise !

IMPRIMÉ AU CANADA